服务业清洁生产培训系列教材

高等院校
清洁生产培训教材

李 旭 刁晓华 孙晓峰 等编著

化学工业出版社

·北京·

本书共分 8 章，主要包括清洁生产概述、服务业清洁生产现状及发展趋势、高等院校行业概况及特点、高等院校清洁生产审核方法、高等院校评价指标体系及评价方法、高等院校清洁生产管理经验和技术、高等院校清洁生产审核案例、高等院校清洁生产组织模式和促进机制。本书最后还附有行业政策类和技术类文件，供读者参考和查阅。

本书可供从事清洁生产研究及推进相关发展的技术人员、管理人员参考，也可供高等学校环境科学与工程及相关专业师生参阅。

图书在版编目（CIP）数据

高等院校清洁生产培训教材/李旭等编著. —北京：化学工业出版社，2018.12

服务业清洁生产培训系列教材

ISBN 978-7-122-33312-4

Ⅰ.①高⋯ Ⅱ.①李⋯ Ⅲ.①高等学校-校办产业-无污染技术-技术培训-教材 Ⅳ.①G649.22②X38

中国版本图书馆 CIP 数据核字（2018）第 259725 号

责任编辑：刘　婧　刘兴春　　　　　　文字编辑：汲永臻
责任校对：宋　玮　　　　　　　　　　装帧设计：韩　飞

出版发行：化学工业出版社（北京市东城区青年湖南街 13 号　邮政编码 100011）
印　　装：北京科印技术咨询服务有限公司数码印刷分部
710mm×1000mm　1/16　印张 13¼　字数 208 千字　2019 年 10 月北京第 1 版第 1 次印刷

购书咨询：010-64518888　　　　售后服务：010-64518899
网　　址：http://www.cip.com.cn
凡购买本书，如有缺损质量问题，本社销售中心负责调换。

定　　价：68.00 元　　　　　　　　　　　　　　　　版权所有　违者必究

《高等院校清洁生产培训教材》
编著人员名单

编著者：(排名不分先后)

　　李　旭　刁晓华　孙晓峰　王　璠
　　刘　铮　李子秀　李晓丹　于承迎
　　孙　楠　李　靖　李忠武

前言 FOREWORD

清洁生产，其核心思想是将整体预防的环境战略持续运用于生产过程、产品和服务中，以提高生态效率，并减少对人类和环境的威胁，实现节能、降耗、减污、增效的目标。清洁生产代表了环境保护思路从"末端治理"转为"源头控制"，以及环境保护战略"由被动反应转变为主动行动"。

自20世纪70年代起，国际社会开始推行清洁生产，把其视为实现人类社会可持续发展的重要方式。目前，欧盟部分国家、美国、加拿大、日本和中国均在推行清洁生产机制。我国清洁生产工作历经20余年的发展，目前全国已建立了20多个省级清洁生产中心，清洁生产成为国家深入推进节能减排工作、促进产业升级、实现经济社会可持续发展的重要途径。

北京市自1993年起积极推行清洁生产，结合经济社会发展特点及节能环保工作要求，清洁生产工作分为三个阶段。第一阶段：以工业领域为主的推行阶段（1993～2011年）。第二阶段：启动服务业清洁生产工作，清洁生产实现对第一、第二、第三产业全覆盖（2012～2015年）。第三阶段：聚焦大气污染物排放领域重点攻坚（2016年至今）。通过开展清洁生产审核评估、推广清洁生产项目，为全市产业结构优化调整、技术升级改造、节能减排、治理空气污染等发挥了重要作用。

北京是全国开展服务业清洁生产的第一个试点城市。自2012年，北京市服务业增加值占全市GDP比重超过75%，服务业发展带来的能源资源消耗和环境污染问题逐步凸显。因此，北京市选取能耗、水耗、污染物排放较高的医疗机构、高等院校、住宿餐饮、商业零售、洗衣、沐浴、商务楼宇、交通运输、汽车维修及拆解、环境及公共设施管理10个领域作为试点，探索开展服务业清洁生产工作，并获得国家发改委、财政部批准成为全国唯一一个服务业清洁生产试点城市。经过5年多的探索实践，北京市建立了服务业清洁生产推广模式，制定了10个服务业重点领域清洁生产评价指标体系，推广了一批服务业清洁生产示范项目，取得了较好的环境效益和经济效益，为服务业实现绿色发展提供了支撑。

《服务业清洁生产培训系列教材》就是在系统总结北京市服务业清洁生产工作经验的基础上编著的。该丛书共 10 个分册，分别针对服务业上述 10 个重点领域阐述了清洁生产审核方法、先进管理经验和技术等内容，填补了服务业清洁生产相关图书领域空白。

高等院校人员集中，能耗、物耗高，水、电、纸张、实验室药品试剂等使用量大，污染物排放大，尤其是近些年，我国高等院校不断扩招，规模逐步扩大，能耗、物耗、排放快速增长，如果不注意节能减排，会造成巨大的能源、资源浪费，同时也会造成环境污染。此外，随着时代的发展，我国高等院校已经成为很多城市对外交流的窗口和旅游景区。因此，协调好高等教育事业发展与环境保护之间的关系是实现高等教育可持续发展的重要环节。

近年来，国家和北京市加强了高等院校的节能减排管理，先后出台了《教育部国家环保总局关于加强高等学校实验室排污管理的通知》（教技〔2005〕3 号）、《高等学校节约型校园建设管理与技术导则（试行）》（建科〔2008〕89 号）、《北京市教育委员会关于印发北京市教育系统"十二五"节能减排学校行动计划的通知》（京教勤〔2012〕1 号）、《高等学校能源消耗限额》（DB11/T 1267—2015）、《高等学校合理用能指南》（DB11/T 1334—2016）等文件，在政策引导下，一些高等院校积极推行清洁生产，行业技术水平和管理水平得以快速提升。如何进一步实现高等院校可持续发展，推行和强化环境管理成为重中之重。希望本书能有效指导高等院校开展清洁生产，推动我国高等院校健康、稳定、可持续发展。

本书由长期工作在清洁生产一线的专业技术人员、管理人员及从事高等院校节能环保的专家共同完成。在本书组稿过程中，部分高等院校、清洁生产咨询机构为本书提供了大量数据、图片和资料；在成稿过程中得到了中国环境科学研究院的王璠、刘铮、李子秀等同仁的大力支持。此外，在本书的编著过程中还得到了北京节能环保中心李晓丹、于承迎、孙楠、李靖、李忠武等同事的积极配合，在此一并表示诚挚的谢意。

限于编著者水平和编著时间，书中不足之处在所难免，敬请读者批评指正。

编著者
2019 年 3 月

目录 CONTENTS

第1章 清洁生产概述   1

1.1 清洁生产的起源 …………………………………… 1
1.2 清洁生产的概念 …………………………………… 3
  1.2.1 什么是清洁生产 ……………………………… 3
  1.2.2 为什么要推行清洁生产 ……………………… 4
  1.2.3 如何实施清洁生产 …………………………… 5
1.3 我国清洁生产实践 ………………………………… 6
1.4 北京清洁生产实践 ………………………………… 8
参考文献 ………………………………………………… 9

第2章 服务业清洁生产现状及发展趋势   10

2.1 服务业清洁生产的意义和目的 …………………… 10
2.2 服务业清洁生产现状 ……………………………… 14
2.3 服务业清洁生产前景 ……………………………… 15
参考文献 ………………………………………………… 15

第3章 高等院校行业概况及特点   17

3.1 高等院校基本情况 ………………………………… 17
3.2 高等院校典型服务流程 …………………………… 18
3.3 高等院校行业特征 ………………………………… 18
  3.3.1 服务范围及特点 ……………………………… 18
  3.3.2 资源能源消耗情况 …………………………… 21
  3.3.3 污染物排放情况 ……………………………… 22

3.4　高等院校节能减排工作的主要问题 ……………… 24
　　3.4.1　资源能源节约潜力大 ………………………… 24
　　3.4.2　人均能源、水资源消耗量大 ………………… 24
　　3.4.3　能源环境管理模式粗放 ……………………… 24
　　3.4.4　实验室环境管理有待提高 …………………… 25
3.5　高等院校清洁生产潜力 …………………………… 25
　　3.5.1　节能潜力 ……………………………………… 26
　　3.5.2　节水潜力 ……………………………………… 27
　　3.5.3　污染物减排潜力 ……………………………… 28
3.6　高等院校推行清洁生产的意义 …………………… 29
参考文献 …………………………………………………… 30

第4章　高等院校清洁生产审核方法　　32

4.1　清洁生产审核概述 ………………………………… 32
　　4.1.1　清洁生产审核的概念 ………………………… 32
　　4.1.2　清洁生产审核原理 …………………………… 33
　　4.1.3　清洁生产审核程序 …………………………… 34
4.2　审核准备阶段的技术要求 ………………………… 35
4.3　预审核阶段的技术要求 …………………………… 36
　　4.3.1　目的与要求 …………………………………… 36
　　4.3.2　工作内容 ……………………………………… 37
　　4.3.3　现状分析 ……………………………………… 37
　　4.3.4　现状调研方法 ………………………………… 39
　　4.3.5　清洁生产水平评价和政策符合性分析 ……… 39
　　4.3.6　确定审核重点 ………………………………… 40
　　4.3.7　设置清洁生产目标 …………………………… 40
4.4　审核阶段的技术要求 ……………………………… 41
　　4.4.1　目标及要求 …………………………………… 41
　　4.4.2　工作内容 ……………………………………… 41
4.5　方案产生与筛选阶段的技术要求 ………………… 44
　　4.5.1　目的与要求 …………………………………… 44

  4.5.2 工作内容 ·· 44
  4.5.3 常见清洁生产方案 ······································ 44
 4.6 实施方案确定阶段的技术要求 ································ 46
  4.6.1 目的与要求 ·· 46
  4.6.2 工作内容 ·· 47
 4.7 清洁生产方案实施阶段的技术要求 ···························· 47
  4.7.1 目的及要求 ·· 47
  4.7.2 工作内容 ·· 47
 4.8 持续清洁生产阶段的技术要求 ································ 48
  4.8.1 目的及要求 ·· 48
  4.8.2 工作内容 ·· 48
 4.9 清洁生产审核工作清单 ·· 49
参考文献 ·· 50

第5章 高等院校评价指标体系及评价方法 51

 5.1 指标体系概述 ·· 51
 5.2 指标体系技术内容 ·· 51
  5.2.1 标准框架 ·· 51
  5.2.2 技术内容 ·· 58
 5.3 指标体系技术依据 ·· 58
  5.3.1 装备指标技术依据 ······································ 58
  5.3.2 资源能源利用指标技术依据 ······························ 61
  5.3.3 污染物产生指标技术依据 ······························ 64
  5.3.4 资源与能源综合利用指标技术依据 ···················· 68
  5.3.5 清洁生产管理指标技术依据 ···························· 68
  5.3.6 服务特征指标 ·· 71
 5.4 评价实例分析及应用 ·· 72
  5.4.1 评价实例分析一 ·· 80
  5.4.2 评价实例分析二 ·· 80
  5.4.3 评价实例分析三 ·· 80

第6章 高等院校清洁生产管理经验和技术　　95

- 6.1 清洁生产管理 ⋯⋯ 95
  - 6.1.1 管理理念 ⋯⋯ 95
  - 6.1.2 管理方法 ⋯⋯ 96
- 6.2 清洁生产技术 ⋯⋯ 99
  - 6.2.1 节水技术 ⋯⋯ 99
  - 6.2.2 节能技术 ⋯⋯ 106
  - 6.2.3 污染治理技术 ⋯⋯ 126
- 6.3 典型清洁生产方案 ⋯⋯ 142
  - 6.3.1 水管网改造项目 ⋯⋯ 142
  - 6.3.2 节能监管平台建设 ⋯⋯ 144
  - 6.3.3 绿色照明改造项目 ⋯⋯ 148
- 6.4 清洁生产经验分析 ⋯⋯ 150
  - 6.4.1 高等院校A清洁生产经验 ⋯⋯ 150
  - 6.4.2 高等院校B清洁生产经验 ⋯⋯ 151
- 参考文献 ⋯⋯ 153

第7章 高等院校清洁生产审核案例　　156

- 7.1 清洁生产审核典型案例一 ⋯⋯ 156
  - 7.1.1 高等院校基本情况 ⋯⋯ 156
  - 7.1.2 预审核 ⋯⋯ 156
  - 7.1.3 审核 ⋯⋯ 162
  - 7.1.4 审核方案的产生与筛选 ⋯⋯ 163
  - 7.1.5 中/高费方案可行性分析 ⋯⋯ 164
  - 7.1.6 实施效果分析 ⋯⋯ 165
  - 7.1.7 持续清洁生产 ⋯⋯ 166
- 7.2 清洁生产审核典型案例二 ⋯⋯ 166
  - 7.2.1 高等院校基本情况 ⋯⋯ 166
  - 7.2.2 预审核 ⋯⋯ 166
  - 7.2.3 审核 ⋯⋯ 172

7.2.4 审核方案的产生与筛选 …………………………… 172
7.2.5 中/高费方案可行性分析 ………………………… 175
7.2.6 实施效果分析 …………………………………… 177
7.2.7 持续清洁生产 …………………………………… 178

第8章 高等院校清洁生产组织模式和促进机制　　179

8.1 清洁生产组织模式 ………………………………………… 179
8.1.1 健全政策标准体系 ……………………………… 179
8.1.2 完善审核方法体系 ……………………………… 179
8.1.3 构筑组织实施体系 ……………………………… 180
8.1.4 搭建市场服务体系 ……………………………… 180
8.1.5 夯实基础支撑体系 ……………………………… 181
8.1.6 创建示范引导体系 ……………………………… 182
8.2 清洁生产鼓励政策及约束机制 …………………………… 182
8.2.1 鼓励政策 ………………………………………… 182
8.2.2 约束机制 ………………………………………… 183
参考文献 ………………………………………………………… 184

附录　行业政策类和技术类文件　　186

1 政策类文件 …………………………………………………… 186
　1.1 《关于加强高等学校实验室排污管理的
　　　通知》 ………………………………………………… 186
　1.2 《关于建设节约型学校的通知》 …………………… 187
　1.3 《关于开展节能减排学校行动的通知》 …………… 188
　1.4 《高等学校节约型校园建设管理与技术导则
　　　（试行）》 ……………………………………………… 189
　1.5 《关于印发北京市教育系统"十二五"节能
　　　减排学校行动计划的通知》 ………………………… 191
　1.6 《关于勤俭节约办教育　建设节约型校园的
　　　通知》 ………………………………………………… 192

2 技术类文件 ·················· 192
　2.1 《建筑照明设计标准》 ············ 192
　2.2 《建筑给水排水设计规范》 ·········· 193
　2.3 《餐饮业大气污染物排放标准》 ······· 194
　2.4 《水污染物综合排放标准》 ·········· 195
　2.5 《高等学校合理用能指南》 ·········· 195
　2.6 《高等学校能源消耗限额》 ·········· 196
　2.7 《公共生活取水定额 第2部分：学校》 ········ 197

第1章 清洁生产概述

1.1 清洁生产的起源

清洁生产（cleaner production）是一种为节约资源和保护环境而采取的综合预防战略，是在回顾和总结工业化实践的基础上提出的，是社会经济发展和环境保护对策演变到一定阶段的必然结果。清洁生产是人们思想和观念的一种转变，即环境保护战略由被动反应向主动行动的一种转变。它综合考虑了生产、服务和消费过程的环境风险、资源和环境容量、成本和经济效益。与以往不同的是，清洁生产突破了过去以末端治理为主的环境保护对策的局限，将污染预防纳入产品设计、生产过程和所提供的服务之中，是实现经济与环境协调发展的重要手段。

自工业化以来，在传统的资源-生产/消费-污染排放的单向线性发展模式下，"高增长、高消耗、高污染"的生产方式实现了国民生产总值的迅速提高，为人类提供了大量的物质消费品。同时，大量投入的资源和能源并未得以高效利用，部分转化为废弃物排入自然环境中，继而造成环境污染。地球自然资源的耗竭和生态环境的污染与破坏，互相关联、交互作用，其影响范围已从局部地区扩展到整体区域，乃至形成全球性的环境问题。因此，人们开始思考调整发展模式、源头上减少排放等办法来解决环境污染问题。

清洁生产概念最早可追溯到 1976 年。当年欧共体（欧洲共同体，现欧盟）在巴黎举行"无废工艺和无废生产国际研讨会"，会上提出"消除造成污染的根源"的思想；1979 年 4 月，欧共体理事会宣布推行清洁生产政策；

1984年、1985年、1987年，欧共体环境事务委员会三次拨款支持建立清洁生产示范工程。

进入20世纪80年代以后，随着工业的发展，全球性的环境污染和生态破坏越来越严重，能源和资源的短缺也日益困扰着人们。在经历了几十年的末端治理之后，美国等发达国家重新审视环境保护历程，虽然大气污染控制、水污染控制以及固体和有害废物处置方面均已取得显著进展，空气、水环境质量等取得明显改善，但全球气候变暖、臭氧层破坏等环境问题仍令人望而生畏。人们认识到，仅依靠实施污染治理所能实现的环境改善是有限的，关心产品和生产过程对环境的影响，依靠改进生产工艺和加强管理等措施来消除污染更为有效。

1989年5月，联合国环境规划署工业与环境规划活动中心（UNEP IE/PAC）根据UNEP理事会会议的决议，制定了《清洁生产计划》，在全球范围内推进清洁生产。该计划的主要内容之一为组建两类工作组：一类为制革、造纸、纺织、金属表面加工等行业清洁生产工作组；另一类为组建清洁生产政策及战略、数据网络、教育等业务工作组。该计划还强调要面向政界、工业界、学术界人士，提高清洁生产意识，教育公众，推进清洁生产的行动。1992年6月，在巴西里约热内卢召开的联合国环境与发展大会上通过了《21世纪议程》，号召工业提高能效，更新替代对环境有害的产品和原料，推动实现工业可持续发展。

自1990年以来，联合国环境规划署已先后在坎特伯雷、巴黎、华沙、牛津、汉城（现首尔）、蒙特利尔举办了六次国际清洁生产高级研讨会。1998年10月，在汉城第五次国际清洁生产高级研讨会上出台了《国际清洁生产宣言》，包括13个国家的部长及其他高级代表和9位公司领导人在内的64位签署者共同签署了《国际清洁生产宣言》。该宣言的主要目的是提高公共部门和私有部门中关键决策者对清洁生产战略的理解，它也将激发对清洁生产咨询服务的更广泛的需求，是清洁生产作为一种环境管理战略的公开承诺。

20世纪90年代初，经济合作与发展组织（OECD）在许多国家采取不同措施鼓励采用清洁生产技术。例如在德国，将70%的投资用于清洁工艺的工厂可以申请减税；在英国，制定了税收优惠政策来促进风力发电。自1995年以来，OECD国家的政府开始执行用于产品的环境战略，引进生命周期分析，以确定在产品哪一个生命周期有机会削减或替代原材料的投入以及通过最低费用消除污染物和废物。这一战略引导生产商、制造商以及政府去寻找更有效的途径来实现清洁生产和产品。

美国、荷兰、丹麦等发达国家在清洁生产立法、机构建设、科学研究、信息交换、示范项目等领域取得明显成就。发达国家的清洁生产政策有两个重要倾向：其一是着眼点从清洁生产技术逐渐转向产品的全生命周期；其二是从重视大型企业和工业转变为更重视扶持中小企业进行清洁生产，包括提供财政补贴、项目支持、技术服务和信息等措施。

当前，全球面临着环境风险不断增长、气候变化异常、生态环境质量恶化以及资源能源紧缺等多重挑战，清洁生产理念已经从工业生产向服务业、农业及社会生活等方面渗透。生态设计、产品全生命周期控制、废物资源化利用等将成为今后清洁生产的发展方向，并将影响到人们日常生活的各个方面。

1.2　清洁生产的概念

1.2.1　什么是清洁生产

清洁生产是人们思想和观念的一种转变，即环境保护战略"由被动反应向主动行动"的一种转型。联合国环境规划署对世界各国开展的污染预防活动进行分析后，提出了清洁生产的定义："清洁生产是一种新的创造性的思想，该思想将整体预防的环境战略持续应用于生产过程、产品和服务中，以增加生态效率和减少人类及环境的风险。

① 对生产过程，节约原材料和能源，淘汰有毒原材料，减少废物的数量和毒性；

② 对产品，减少从原材料提炼到产品最终处置的全生命周期的不利影响；

③ 对服务，将环境因素纳入设计和所提供的服务中。"

《中华人民共和国清洁生产促进法》对清洁生产的定义如下：清洁生产是指不断采取改进设计、使用清洁的能源和原料、采取先进的工艺技术与设备、改善管理、综合利用等措施，从源头削减污染，提高资源利用效率，减少或者避免生产、服务和产品使用过程中污染物的产生和排放，以减轻或者消除其对人类健康和环境的危害。

清洁生产是一种全新的环境保护战略，是从单纯依靠末端治理逐步向过程控制的一种转变。清洁生产从生态、经济两大系统的整体优化出发，借助各种相关理论和技术，在产品的整个生命周期的各个环节采取战略性、综合性、预防性措施，将生产技术、生产过程、经营管理及产品等与物流、能量、信息等要素有机结合起来，并优化其运行方式，从而实现最小的环境影响、最少的资源能源使用、最佳的管理模式以及最优化的经济增长水平，最终实现经济的可持续发展。

传统的经济发展模式不注重资源的合理利用和循环回收，大量、快速消耗资源，对人类健康和环境造成危害。与传统经济不同，清洁生产注重将综合预防的环境战略持续地应用到生产过程、产品和服务中，以减少对人类和环境的风险。

具体来说，清洁生产主要包括以下三个方面的含义。

① 清洁生产指自然资源的合理利用，即要求投入最少的原材料和能源，生产出尽可能多的产品，提供尽可能多的服务，包括最大限度节约能源和原材料、利用可再生能源或清洁能源、利用无毒无害原材料、减少使用稀有原材料、循环利用物料等措施。

② 清洁生产指经济效益最大化，即通过节约能源、降低损耗、提高生产效益和产品质量，达到降低生产成本、提高企业竞争力的目的。

③ 清洁生产指对人类健康和环境的危害最小化，即通过最大限度减少有毒有害物料的使用、采用无废或者少废技术和工艺、减少生产过程中的各种危险因素、废物的回收和循环利用、采用可降解材料生产产品和包装、合理包装以及改善产品功能等措施，实现对人类健康和环境的危害最小化。

1.2.2　为什么要推行清洁生产

（1）推行清洁生产是可持续发展战略的要求

1992年在巴西里约热内卢召开的联合国环境与发展大会是世界各国对环境和发展问题的一次联合行动。本次会议通过的《21世纪议程》制定了可持续发展的重大行动计划，可持续发展已取得各国的共识。

《21世纪议程》将清洁生产看作是实现持续发展的关键因素，号召工业提高能效，开发更清洁的技术，更新、替代对环境有害的产品和原材料，实现环境和资源的保护和有效管理。

（2）推行清洁生产是控制环境污染的有效手段

自1972年斯德哥尔摩联合国人类环境会议以后，虽然国际社会为保护环境做出了很大努力，但环境污染和自然环境恶化的趋势并未得到有效控制。与此同时，气候变化、臭氧层破坏、海洋污染、生物多样性损失和生态环境恶化等全球性环境问题的加剧对人类的生存和发展构成了严重的威胁。

造成全球环境问题的原因是多方面的，其中以被动反应为主的"先污染，后治理"的环境管理体系存在严重缺陷，人类将为之付出沉重代价。

清洁生产彻底改变了过去被动的污染控制手段，强调在污染产生之前就予以削减，即在生产和服务过程中减少污染物的产生和对环境的影响。实践证明，这一主动行动具有效率高、经济效益好、容易被企业接受等优点。

（3）推行清洁生产可大幅降低末端处理负担

目前，末端治理是控制污染的最重要手段之一，为保护环境起着极为重要的作用，但人们也付出了高昂的代价。

清洁生产可以减少甚至在某些情形下消除污染物的产生。这样，不仅可以减少末端处理设施的建设投资，而且可以减少日常运转费用。

（4）推行清洁生产可提高企业的市场竞争力

清洁生产有助于提高管理水平，节能、降耗、减污，从而降低生产成本，提高经济效益。同时，清洁生产还可以树立企业形象，促使公众支持其产品。

随着全球性环境污染问题的日益加剧，能源、资源急剧耗竭对可持续发展的威胁以及公众环境意识的不断提高，一些发达国家和地区认识到加强产品、生产过程以及服务的环境管理是进一步预防和控制污染的有效途径。欧共体（现欧盟）于1993年公布了《欧共体环境管理与环境审核规则》（EMAS），并于1995年4月实施；英国于1994年颁布《BS7750环境管理体系规范》；加拿大、美国等国家也制定了相应的标准。国际标准化组织（ISO）于1993年6月成立了环境管理技术委员会（ISO/TC 207），通过制定和实施一套环境管理的国际标准（ISO 14000）规范企业和社会团体等组织的环境行为，以达到节省资源、减少环境污染、改善环境质量、促进经济持续健康发展的目的。由此可见，推行清洁生产将不仅对环境保护产生影响，更会对企业的生产和销售产生重大影响，直接关系到其市场竞争力。

1.2.3 如何实施清洁生产

在政府层面推行清洁生产，应采取以下措施：

① 完善法律法规，制定经济激励政策以鼓励企业推行清洁生产；
② 制定标准规范，指导企业推行清洁生产；
③ 开展宣传培训，提高全社会清洁生产意识；
④ 优化产业结构；
⑤ 支持清洁生产技术研发，建立清洁生产示范项目；
⑥ 壮大环保服务产业，提高清洁生产技术服务能力等。
在企业层面推行清洁生产，应采取以下措施：
① 制订清洁生产战略计划；
② 加强员工清洁生产培训；
③ 开展产品（服务）生态设计；
④ 应用清洁生产技术装备；
⑤ 提高资源能源利用效率；
⑥ 开展清洁生产审核等。

1.3 我国清洁生产实践

我国清洁生产的形成和发展经历了三个阶段。

（1）引进阶段（1989~1992年）

1992年，中国积极响应联合国可持续发展战略和《21世纪议程》倡导的清洁生产号召，将推行清洁生产列入《环境与发展十大对策》，由此正式拉开了中国实施清洁生产的序幕。1992年5月，国家环保局与联合国环境规划署联合在中国举办了第一次国际清洁生产研讨会，首次推出"中国清洁生产行动计划（草案）"。

（2）试点示范阶段（1993~2002年）

1993年10月，在第二次全国工业污染防治会议上，国务院、国家经贸委及国家环保局明确了清洁生产在我国工业污染防治中的地位。

1994年，《中国二十一世纪议程》将清洁生产列为优先领域。

1999年，《关于实施清洁生产示范试点的通知》选择北京等10个城市作为清洁生产试点城市，选择石化等5个行业作为清洁生产试点行业。

（3）建章立制及全面推广阶段（2003年至今）

2002年6月，第九届全国人大常委会第二十八次会议审议通过《中华人民共和国清洁生产促进法》，于 2003 年 1 月 1 日起施行。《清洁生产促进法》的颁布使清洁生产步入法制化轨道。为了全面贯彻实施《清洁生产促进法》，国家发改委会同国家环保总局联合下发了《清洁生产审核暂行办法》。

2004 年 10 月，财政部发布《中央补助地方清洁生产专项资金使用管理办法》，由中央财政预算安排用于支持重点行业中小企业实施清洁生产，重点支持石化、冶金、化工、轻工、纺织、建材等污染相对严重的行业。

2005 年，《重点企业清洁生产审核程序的规定》《关于进一步加强重点企业清洁生产审核工作的通知》《关于深入推进重点企业清洁生产的通知》等文件促进了我国清洁生产工作的深入开展。

2009 年 10 月，财政部与工信部联合发布《中央财政清洁生产专项资金管理暂行办法》，由中央财政预算安排专项用于补助和事后奖励清洁生产技术示范项目。

2011 年 3 月，《中华人民共和国国民经济和社会发展第十二个五年规划纲要》提出：加快推行清洁生产，在农业、工业、建筑、商贸、服务等重点领域推进清洁生产示范，从源头和全过程控制污染物产生和排放，降低资源消耗。

2011 年 12 月，《国家环境保护"十二五"规划》提出：大力推行清洁生产和发展循环经济，提高造纸、印染、化工、冶金、建材、有色、制革等行业污染物排放标准和清洁生产评价指标。

2011 年 12 月，《工业转型升级规划（2011—2015 年）》提出：健全激励与约束机制，推广应用先进节能减排技术，推进清洁生产；促进工业清洁生产和污染治理，以污染物排放强度高的行业为重点，加强清洁生产审核，组织编制清洁生产推行方案、实施方案和评价指标体系；在重点行业开展共性、关键清洁生产技术应用示范，推动实施一批重大清洁生产技术改造项目。

2012 年 2 月，第十一届全国人民代表大会常务委员会第二十五次会议通过了关于修改《中华人民共和国清洁生产促进法》的决定。

随着《中华人民共和国清洁生产促进法》的出台，各省（区、市）根据本地区的实际情况，颁布实施了《清洁生产审核暂行办法实施细则》等地方推行清洁生产的政策法规，天津、云南等地还颁布了《清洁生产条例》。

2012 年 8 月，《节能减排"十二五"规划》提出：以钢铁、水泥、氮肥、造纸等行业为重点，大力推行清洁生产，加快重大、共性技术的示范和推广，完善清洁生产评价指标体系，开展工业产品生态设计、农业和服务业清洁生产试点。

2016年5月，为落实《中华人民共和国清洁生产促进法》（2012年修正版），进一步规范清洁生产审核程序，更好地指导地方和企业开展清洁生产审核，国家发改委、环境保护部对《清洁生产审核暂行办法》进行了修订，发布《清洁生产审核办法》。

2018年4月12日，环境保护部（4月16日生态环境部揭牌）、国家发改委发布了《清洁生产审核评估与验收指南》。

1.4 北京清洁生产实践

北京市清洁生产发展也可分为三个阶段。

（1）试点示范阶段（1993～2004年）

北京市引进清洁生产思想、知识和方法。在世界银行"推进清洁生产"的支持下，北京红星股份有限公司等企业实施清洁生产审核。

（2）快速发展阶段（2005～2009年）

北京市积极组织清洁生产潜力调研，建立健全政策法规体系，在此期间，14个行业近200家企业开展清洁生产审核。

2007年5月，北京市财政局、北京市发改委、北京市工业环保局和北京市环保局联合制定了《北京市支持清洁生产资金使用办法》，在整合中小企业专项资金、固定资产投资资金和排污收费资金的基础上，统筹建立了清洁生产专项资金支持渠道。

（3）探索新领域阶段（2010年至今）

根据产业结构特点，北京市启动服务业清洁生产审核试点工作，2012年北京市获得国家发改委、财政部批准，成为全国唯一一个服务业清洁生产试点城市，选择医疗机构、高等院校、住宿餐饮等10个重点领域推行清洁生产。2014年，北京市在农业领域启动清洁生产，在种植、养殖、水产方面推行清洁生产，并推进示范项目。至此，北京市清洁生产工作对第一、第二、第三产业实现了全覆盖，成为推动产业优化升级、转变经济增长方式的有力政策工具。

近年来，北京市颁布实施的与清洁生产相关的政策要求如表1-1所列。

表 1-1　北京市颁布实施的与清洁生产相关的政策要求

政策名称	颁布时间	清洁生产相关要求
《北京市"十三五"时期环境保护和生态建设规划》	2016 年 12 月	(1)石化、汽车制造、机械电子等重点行业开展强制性清洁生产审核,鼓励开展自愿性清洁生产审核; (2)到 2020 年,完成 400 家以上企业的清洁生产审核,其中强制性审核 150 家,实现节能降耗减排的全过程管理
《北京市"十三五"时期节能降耗及应对气候变化规划》	2016 年 8 月	(1)通过政府购买服务方式,开展能源审计、清洁生产审核、碳核查等工作,促进了节能低碳服务业发展; (2)全面推行清洁生产,完成规模以上工业企业清洁生产审核,扩大服务业清洁生产范围,积极探索大型公共建筑、公共机构和农业领域清洁生产,健全重点行业领域节能、降耗、减污、增效的长效机制。加强清洁生产工作统筹管理和协调推进,修订完善促进清洁生产的有关政策; (3)支持中央在京单位开展节能低碳技术改造,实施清洁生产项目
《北京市国民经济和社会发展第十三个五年规划纲要》	2016 年 3 月	(1)深入开展石化、喷涂、汽车修理、印刷等重点行业挥发性有机物治理,实施规模以上工业企业和大型服务企业清洁生产审核。开展餐饮油烟等低矮面源污染专项治理; (2)大力推行绿色设计和清洁生产,限制产品过度包装,减少生产、运输、消费全过程废弃物产生
《〈中国制造 2025〉北京行动纲要》	2015 年 12 月	加大推行清洁生产力度,制订重点产业技术改造指南,组织一批能效提升、清洁生产、资源循环利用等技术改造项目,推动企业向智能化、绿色化、高端化方向发展
《北京市清洁生产管理办法》	2013 年 11 月	明确清洁生产主管部门、工作主要环节、管理要求及资金支持办法

参考文献

[1] 周长波,李梓,刘菁钧,等. 我国清洁生产发展现状、问题及对策 [J]. 环境保护,2016,10:27-32.

[2] 孙晓峰,李键,李晓鹏. 中国清洁生产现状及发展趋势探析 [J]. 环境科学与管理,2010,11:185-188.

[3] 徐广英,张萍. 清洁生产与可持续发展的必要性分析 [J]. 中国资源综合利用,2016,3:44-46.

[4] 李波,邱燕. 清洁生产与循环经济的关系分析 [J]. 低碳世界,2016,21:11-12.

第2章 服务业清洁生产现状及发展趋势

2.1 服务业清洁生产的意义和目的

在我国国民经济核算实际工作中,服务业被视为第三产业。其定义为除农业、工业之外的其他所有产业部门,包括批发和零售业,交通运输、仓储及邮政业,住宿餐饮业,信息传输、软件和信息技术服务业,金融业,房地产业,租赁和商务服务业,科学研究和技术服务业,水利、环境和公共设施管理业,居民服务、修理和其他服务业,教育,卫生和社会工作,文化体育和娱乐业,公共管理、社会保障和社会组织。

近年来,随着我国城市经济的快速发展、人口的日益增长,服务业在国内生产总值中所占比值逐年增大。2015年,我国全年国内生产总值为676708亿元,比上年增长6.9%。其中,第一产业增加值为60863亿元,增长3.9%;第二产业增加值为274278亿元,增长6.0%;第三产业增加值为341567亿元,增长8.3%。第一产业增加值占国内生产总值的比重为9.0%,第二产业增加值比重为40.5%,第三产业增加值比重为50.5%,首次突破50%。2011~2015年三大产业增加值占国内生产总值的比重如图2-1所示。

随着产业结构调整,一些城市的服务业得以快速发展,部分城市的服务业(第三产业)在地区生产总值中所占比例如表2-1所列。

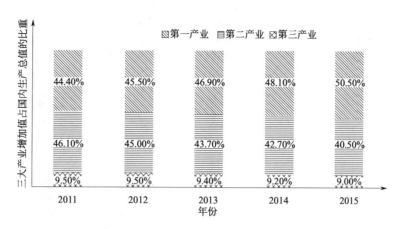

图 2-1　2011～2015 年三大产业增加值占国内生产总值的比重

表 2-1　部分城市的服务业（第三产业）在地区生产总值中所占比例　单位：%

序号	城市名称	1995 年	2015 年
1	北京	52.50	79.80
2	上海	40.80	67.80
3	广州	47.60	66.77
4	西安	49.40	58.90
5	深圳	49.00	58.80
6	杭州	38.10	58.20
7	南京	41.90	57.30
8	济南	37.90	57.20
9	厦门	40.20	55.80
10	青岛	35.00	52.80

以北京为例，改革开放以来，北京的城市发展战略发生了根本性的转变，城市经济内涵由单纯以工业为主导的经济形态逐渐向服务业转变。据统计，北京市第三产业比重由 1995 年的 52.50% 上升到了 2015 年的 79.80%，领先全国平均水平 30 个百分点。根据《北京市国民经济和社会发展第十三个五年规划纲要》，到 2020 年，服务业比重将提高至 80% 左右。服务业逐渐成为推动北京市经济平稳、快速、高辐射发展的主要行业，成为推动北京市经济增长的主要驱动力。北京市第三产业增加值占地区生产总值的比重见图 2-2。

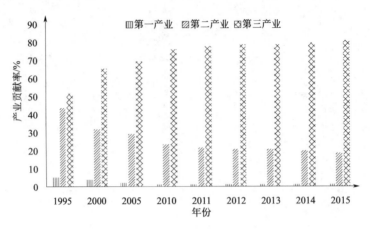

图 2-2　北京市第三产业增加值占地区生产总值的比重

与此同时,第三产业的发展推动了资源、能源消费量的持续增长。服务业的能耗、水耗、污染物排放呈现出较快增长态势,对经济增长的瓶颈效应日益凸显。

以北京为例,"十二五"以来,服务业能源消费量继续保持较快增长,2015 年,全市能源消费量为 6850.7 万吨标准煤,第三产业能源消费量达到 3312.6 万吨标准煤,占全市能源消费比重达到 49%。2015 年北京市分产业能耗比例如图 2-3 所示。

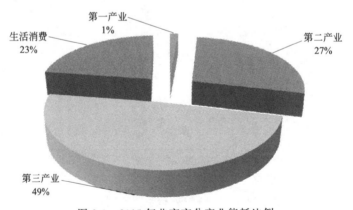

图 2-3　2015 年北京市分产业能耗比例

2015 年,北京市全年总用水量 $38.2 \times 10^8 \, m^3$,比上年增加 1.89%。其中,生活用水 $17.47 \times 10^8 \, m^3$,增长 2.90%;生态环境补水 $10.43 \times 10^8 \, m^3$,增长 43.86%;工业用水 $3.85 \times 10^8 \, m^3$,下降 24.37%;农业用水 6.45×

$10^8 m^3$,下降 21.08%。2015 年北京市总用水量比例如图 2-4 所示。

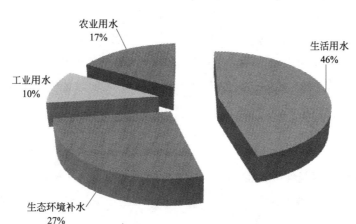

图 2-4　2015 年北京市总用水量比例

从地表水水质情况来看,北京市水资源短缺和城市下游河道水污染严重的局面未根本改变。全年共监测五大水系有水河流 94 条段,长 2274.6km,其中:Ⅱ类、Ⅲ类水质河长占监测总长度的 46.9%;Ⅳ类、Ⅴ类水质河长占监测总长度的 7.3%;劣Ⅴ类水质河长占监测总长度的 45.8%。主要污染指标为生化需氧量、化学需氧量和氨氮等,污染类型属有机污染型。北京市五大水系水质类别长度百分比统计如图 2-5 所示。

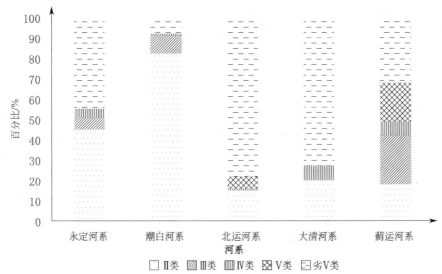

图 2-5　北京市五大水系水质类别长度百分比统计

据统计，2015 年北京市城镇生活污水（含服务业）化学需氧量排放量为 79396t，占排放总量（161536t）的 49.2%；城镇生活污水氨氮排放量为 11564t，占排放总量（16491t）的 70.1%。服务业是有机污染型废水的主要来源。随着产业结构的优化，北京市工业与农业节水和废水减排空间有限，因此，推行服务业清洁生产、挖掘服务业节水潜力，对于建立节水型社会、减少废水有机污染物排放、改善地表水水质具有重要作用。

服务业环境污染问题，如果不从现在开始着手加以解决，将成为继农业和工业环境污染之后的又一生态危害途径，并且会成为制约现代服务业乃至整个国民经济可持续发展的重要因素。清洁生产作为污染预防与治理的有力抓手，还对北京市实现经济增长方式的转变、建设资源节约型和环境友好型城市起着重要的推动作用。

2.2　服务业清洁生产现状

北京市于 2007 年起逐步在服务业探索推行清洁生产，已在高等院校、医疗机构、洗衣、商业零售等多个领域开展具体实践，积累了一定的经验，取得了一定的成效。2012 年 10 月，国家发改委、财政部正式批复北京市为全国唯一的服务业清洁生产试点城市。同年，《服务业清洁生产试点城市建设实施方案（2012—2015 年）》获得批复同意。2013 年 4 月，北京市组织召开节能降耗及应对气候变化电视电话会议，正式启动并部署了服务业清洁生产试点城市建设工作。

（1）完善政策法规标准

北京市颁布实施了《清洁生产评价指标体系 高等院校》（DB11/T 1264—2015）等 10 个服务业清洁生产标准，用于指导相关行业企事业单位推行清洁生产，评价清洁生产水平。制定《北京市清洁生产管理办法》，鼓励服务业企事业单位推行清洁生产，实施清洁生产技术改造。

（2）开展清洁生产审核

选择高等院校、医疗机构、住宿餐饮、洗衣、商务楼宇、交通运输、商业零售、沐浴、汽车维修及拆解、环境及公共设施管理 10 个领域为试点行业，采取自愿审核的方式，开展了数百家服务业企事业单位清洁生产审核。

(3) 实施清洁生产项目

在 10 个服务业试点行业中,重点支持了余热回收、电机变频改造、厨余垃圾资源化利用、洗衣龙、中水回用等清洁生产技术改造项目,建立了清洁生产示范项目,并逐步在相关行业推行清洁生产经验。

如今,北京市服务业清洁生产工作稳步推进,但其中仍存在一些问题没有解决。为持续在服务业推行清洁生产,不仅需要国家政策导向和资金扶持,而且需要企业和公众积极自觉地参与,为北京服务业的绿色发展做出贡献。

2.3 服务业清洁生产前景

服务业清洁生产是发展循环经济、推动绿色发展和建设"两型社会"的重要手段。服务业的飞速发展带来了经济的增长和就业人口的增加,同时也加大了能源消耗和生态环境问题。因此,服务业持续有效开展清洁生产势在必行。

未来,国家对服务业的发展将更加注重发展结构、质量和效益的有机协调。通过在全国推行服务业清洁生产工作,完善高能耗、高污染服务性行业和企业升级改造,建立服务业清洁发展模式。随着服务业清洁生产技术和管理需求的增加,也将积极促进节能环保、新材料、新能源等战略性新兴产业发展,加快向以服务经济为主导、创新经济为特征的经济形态转变,推动经济和社会环境的同步提升。

目前,北京市已在全市范围内建立服务业清洁生产试点,并在不断的探索中总结经验。通过努力,北京市基本成为了以资源高效循环利用为核心、全社会共同参与的服务业清洁生产发展示范区,形成了可面向全国示范推广的服务业清洁生产促进体系。同时,为了更好地推进服务业清洁生产试点城市的建设工作,北京市还将加大资金投入,发挥财政资金引导作用,强化企事业单位的清洁生产主体作用,支持企事业单位加大绿色投入。

参考文献

[1] 彭水军,曹毅,张文城. 国外有关服务业发展的资源环境效应研究述评 [J]. 国外社会科学, 2015, 06: 25-33.

［2］ 李冰．北京：探索服务业清洁生产模式［J］．节能与环保，2017，07：44．
［3］ 汪琴．北京市第三产业清洁生产的必要性、现状和对策建议［J］．北京化工大学学报（社会科学版），2010，01：32-36，43．
［4］ 中华人民共和国国家统计局．中国统计年鉴．2012-2016．
［5］ 北京市统计局．北京统计年鉴．2012-2016．

第3章 高等院校行业概况及特点

近年来，随着中国高等教育的飞速发展，高等院校规模逐步扩大。教育部《2015年全国教育事业发展统计公报》中数据显示，截至2015年，全国共有普通高等院校和成人高等院校2852所，各类高等教育在学人数总规模达到3647万人。随着高等院校的不断扩招，不仅学校规模将越来越大，而且能耗、物耗也将飞速增长。高等院校人口集中，能耗、物耗高，在水、电、纸张、实验室药品试剂等方面的利用量尤为显著，污染物排放量也非常惊人。如果不注意节能减排，则会造成巨大的能源、资源浪费，同时也会造成环境污染。此外，随着时代的发展，中国的高等院校早已不是单纯的教学单位，已经成为很多城市对外交流的窗口和旅游景区。协调好高等教育事业发展与环境保护之间的关系是实现高等教育可持续发展的重要环节。

3.1 高等院校基本情况

高等院校是指按照国家规定的设置标准和审批程序批准举办，以通过普通高等院校、成人高等院校招生全国统一考试，招收普通高中毕业生为主要培养对象，实施高等教育的全日制大学、独立学院和职业技术学院、高等专科学校、广播电视大学、职工大学、业余大学、职工医学院、管理干部学院、教育学院、普通高等院校的继续教育学院等。高等院校从形式上可分为两大类，即普通高等院校和成人高等院校。

2015年，全国2852所普通高等院校和成人高等院校中，普通高等院校2560所（含独立学院275所），成人高等院校292所。普通高等院校中本科院校1219所，高职（专科）院校1341所。全国共有研究生培养机构792个，其中，普通高等院校575个。我国高等院校具有数量多、层次分明、分布广、人口集中度大的特点。其中，大多数高等院校都位于城市或城乡交界处相对人口密集的区域。北京市作为全国科技创新中心和文化中心，学校更是城市不可缺少的组成部分。北京市共有高等教育学校171所，其中，普通高等院校90所（其中，综合大学5所、理工院校30所、农业院校3所、林业院校1所、医药院校4所、师范院校2所、语文院校9所、财经院校16所、政法院校8所、体育院校3所、艺术院校8所、民族院校1所）、民办的其他高等教育机构81所。

3.2 高等院校典型服务流程

高等院校的服务内容主要包括为学生提供引导式教育、为教师提供公共学术服务和提供公正、安全、稳定的校园环境，具体包括三个层次的内容。

① 第一个层次：教育教学，主要是指课堂教学和日常教育工作。这是学校服务的核心层次。

② 第二个层次：校园设施、教师资源、学校管理、科学研究。这是学校服务的基础层次。

③ 第三个层次：安排生活后勤、指导升学就业、供应教学资料、开展金融支持、开发校办企业。这五个方面由前两个层次派生，是学校服务的枝干层次。

这三个层次是一种有机的、不可分割的整体，共同构成了学校服务。它以教学为核心，包括教学环节、教育环节、管理环节、宣传环节四个方面。

3.3 高等院校行业特征

3.3.1 服务范围及特点

高等院校的服务范围只在学校内部，主要集中在教学区、实验区和生活区。

（1）教学区

教学区是进行教学活动的区域，教学活动是学校最为关键的服务环节，是学校的主要服务职能所在。教学活动在高等教育中占全部服务内容的较大部分。教学区的活动主要有三个方面：一是教师的教学活动；二是学生的日常学习活动；三是后勤人员对区域公共设施的保养及更换维修活动。

① 电耗。教学区作为授课地点，在师生授课期间和学生自习期间会产生照明电耗和电脑、投影仪等设备电耗。个别院校由于教学学科的特殊性，则需要结合实际情况进行分析。例如艺术类院校，教学过程往往需要较好的灯光条件和音响设备提供适宜的教学环境，因此，其教学区的灯光、音响及舞台表演所使用的设备耗能较大。此外，电梯和空调用电也是主要耗能环节。

② 资源消耗。教学办公易耗品主要有纸张、粉笔、黑板擦等，大部分学校采用学校定额采购必需品，如打印纸、粉笔等，而部门所需耗材则自行采购。

③ 污染物的排放。上课及课间休息时间会产生一系列的垃圾，如粉笔末、废纸、坏笔芯、食品包装等，以及教学楼卫生间冲洗产生废水的排放。

由于教学区人员活动规律比较固定，活动时间受到制约，所以教学区产生的能源消耗和垃圾等在时间上相对集中，有一定的规律可循。

（2）实验区

实验区主要指高等院校为实验所设置的特定实验室、实验区域等。

高等院校根据不同学科需求所设计的专业性实验和老师、学生为科研需要而设计的特定实验较多，这些区域仪器设备是不可或缺的一部分。实验仪器设备数量大，使用频率高，加上实验室为保证一定的光照条件要使用大量的照明设备，从而消耗大量电能。此外，实验区特点鲜明，如化学实验室长期进行化学实验，需要大量化学试剂、玻璃仪器、实验设备等，气体钢瓶、试剂保存柜等也是必需品。此外，实验过程要使用自来水、纯净水，甚至是超纯水，而这些实验排放物质往往是化学混合物、气体、实验废水等；生物实验室则是对生物进行理化实验，需要一定量的生物样本、化学试剂及一定量的生物制剂，其排放物具有一定的生物特性。实验室的水、器材和照明用电等消耗是实验区的主要消耗,且消耗量往往与各高等院校实验区的专业研究性质及方向密切相关。

高等院校实验区的设备种类比较多,各种专业设备需求量大,且设备使用频率比较高,各种照明及大量实验设备的使用都要消耗电能,如:综合性大学学科设置较多,理工科实验室需要各种用途的测定设备来完成教学和科研任务,而文科专业如音乐学院,经常需要霓光灯、镁光灯等灯光设备及一系列的音响设备进行日常教学和表演;艺术类院校没有专门的实验区,但由于其学科特点,教学区经常使用大功率照明设备和音响设备,这都属于耗电的重点环节。

此外,高等院校的各种固、液、气废物具有种类繁多、成分复杂、排放量大等突出特点。除普遍存在的生活垃圾外,实验废弃物的成分和污染程度不同,分类形式也不同。根据其污染程度、主要成分和基本性质分类如下。

① 化学实验废弃物:按物理形态可分为废气、废液和废渣三种,简称"三废"。

② 生物实验废弃物:主要是指实验过程中使用过或培养产生的动植物的组织、器官、尸体、微生物(细菌、真菌和病毒等)、培养基,以及吸头、离心管、注射器、培养皿等各种塑料制品等。

③ 放射性废弃物:指含有放射性核素或被放射性核素污染,其浓度或活度大于国家标准或国家审管部门规定的清洁解控水平,并且预计不再利用的物质。

此外,还有电子垃圾、机械类实验室产生的粉尘等,对于这些危险、有害因素,如不加以有效控制,将严重影响人们的身体健康,危害我们赖以生存的生态环境。

(3) 生活区

生活区是学生和教师的主要活动场所、饮食和住宿区域,主要包括学生公寓、食堂、教师公寓、洗浴中心、商店、餐厅等一系列的附属设施。生活区是高等院校占地面积较大的区域,人员密集、活动量大、活动范围广,电、水等能源、资源消耗量大,且在学校各功能区中占比较大,尤其是水资源的消耗常达到全校水资源使用量的 1/2 左右。

污染物产生方面,食堂由于就餐人员较多,是餐厨垃圾和餐饮废水排放的主要来源。此外,住宿公寓洗浴和卫生间冲洗也产生大量废水。因此,生活区废水和一般生活固体废物的产生量较大。

3.3.2 资源能源消耗情况

(1) 能源消耗比例

自高等院校扩招以来，其水、电、煤炭、油、气等能源消耗费用支出大幅度增长。我国高等院校能源消耗的种类繁多，包括电、煤、油、气、热，还有少量可再生能源（太阳能、地热等）。能源使用的范围也较广泛。全国高等院校不同能源品种所占的比例如图 3-1 所示。从全国范围来看，高等院校能源消耗结构中煤炭消耗比例接近 50%，位居第一；其次是电能，占 26.70%；再次是气，占 20.30%；市政热力占 2.70%；油占 0.70%。其中煤主要用于供暖和生活热水的供应。水资源的消耗以自来水为主，同时有很多学校开始利用中水、雨水等，但规模较小。

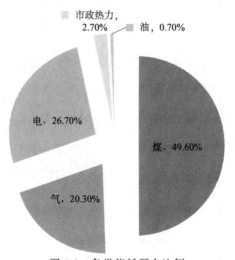

图 3-1　各类能耗所占比例

(2) 电耗情况

高等院校的年总耗电量差异较大，年总耗电水平参差不齐。这与学校人员密度和校园面积直接相关，不同高等院校的校园和各功能区分布差异较大，这些都直接导致用电量的不同。例如，理工科大学和综合型大学中由于大部分专业需设立实验室，因此这类学校的能耗主要集中在实验区。而文科类院校设有形体房、声乐教室等专业型教室，因此这类学校的能耗则主要集中于教学区。

北京市高等院校中，理工科大学和综合性大学中实验区耗电量较多，这与实验区实验器材、仪器比较多，各种设备使用频率较高等紧密相关。因为实验区不仅是北京市高等院校科研项目实施的主要场所，而且是在校师生进行科学研究、进行试验探索的主要场所。在实验过程中使用的各种大型仪器、实验设备等,由于设备使用频率普遍较高,且其中一部分仪器设备常常需要24小时连续启动,会消耗大量电能。教学区作为授课地点,只有在教学期间和学生自习期间才会产生照明电耗和电脑、投影仪等小型设备电耗,因此,电耗一般较低。但个别院校由于教学学科的特殊性,需要结合实际情况进行分析。例如某些艺术院校,因其属于培养演技技能和声乐教学的艺术院校,教学时往往需要较好的灯光条件和音响设备提供优良的教学环境,而舞台灯一般功率较大、电耗较高,音响设备的电耗也较高,虽然该类院校没有实验区,但其教学区和生活区的灯光、音响及舞台表演所使用设备的电耗较高。而生活区作为师生课后休息和晚上睡眠的场所,其电耗主要是照明电耗和电脑、洗衣机等家用电器电耗,虽然使用频率较高,但设备功率较小,不会产生过大电耗。

由此可见,高等院校的耗电情况不仅与学校的规模和在校师生人数有关,还与学校类型、学科设置等有直接关系。

(3) 水耗情况

高等院校水耗包括教学实验用水、生活区用水、餐饮用水及公共绿化用水等。北京市各高等院校的年耗水量水平高低差别比较大,这与学校的规模、人数及中水使用率有直接关系。

一般情况下,生活区用水水耗最大,大部分院校生活区水耗可占到全部水耗的1/2以上,这是由于生活区人员活动量比较大,学生在生活区的活动时间占其在校时间的1/2以上,而且生活区内洗漱、洗衣等日常活动都会消耗大量水资源,因此水量消耗比较大。

(4) 其他资源消耗情况

学校的办公易耗品主要是纸张、粉笔、黑板擦等,实验室易耗品主要是玻璃仪器、常用化学试剂、有机试剂以及其他专业实验相关材料。大部分学校采用定额采购必需品,如打印纸、粉笔、常规试剂、有机试剂等,而部门和学院所需耗材则由各部门自行采购,校方不做统计。

另外,各高等院校除了正常的消耗外,也存在着资源浪费现象。这是由于师生的环保和节约的意识不强,学校宣传力度不够等。

3.3.3 污染物排放情况

高等院校各区域污染物的主要组成与处理见表3-1。

（1）高等院校教学区

一般情况下，固体废物产生量很少，废水主要是卫生间冲洗水，年产生量水平差异比较大，这与学校规模和在校师生人数有直接关系。教学区的固废主要为废纸和废包装盒等可回收资源，后勤人员常根据类型初步分类后，不可回收部分成为固废，从而减少垃圾产生量，同时达到资源分类回收的目的。

（2）实验区

一般固废产生量也较小，但专业性的危险固废和其他废物的产生因学校学科性质不同而有差别，各个院校基本上能够按照北京市高等院校实验室危险废物相关管理规定进行收集和处理。实验区废水产生量各个学校不尽相同，这与学校实验室学科类型紧密相关，如理科类化学学科实验室耗水量相对较大，而理科类物理实验室就相对较少产生废水或无废水产生。

（3）生活区

其是院校一般固废、废水、废气产生的重点区域，但各个院校的统计存在较大差别，这主要是因为生活区固废含有大量饮料瓶、废包装盒等可回收资源，因此针对这一特征进行垃圾分类收集，将可回收资源回收后，剩余的主要是生活垃圾，其产生量与生活区师生人数密切相关。此外，食堂和供暖锅炉也是废气排放的主要来源。

表 3-1 高等院校各区域污染物的主要组成与处理

区域	主要污染	主要组成及处理
教学区	固废	纸张、包装盒、电子废物等（可回收资源）
	废水	卫生间冲洗产生废水（中水回用）
生活区	固废	包装袋、废纸、电子废物等生活垃圾（分类整理后分别处理）；食堂厨余垃圾（统一回收后，由有资质公司清运、处理）
	废气	锅炉废气（脱硫脱硝处理、水膜除尘）、食堂产生的烟气排放（净化器处理达标后排放）
	废水	餐饮废水、生活废水和卫生间冲洗废水（处理后排放，进行节约用水宣传；冲洗水采用中水代替）
实验区	废水	实验废液和一般废水（实验废液集中储存处理）
	废气	实验产生废气（安装废气过滤处理装置）
	固废	化学实验废物（分类收集、规范存放，由有资质公司清运、处理）
		生物实验废物（根据国家相关规定处理）
		放射性废弃物（根据国家相关规定处理）
		医疗废物（根据国家相关规定处理）
		电子垃圾、机械类实验室产生的粉尘等（分类收集、规范存放，由有资质公司清运、处理）

3.4 高等院校节能减排工作的主要问题

3.4.1 资源能源节约潜力大

我国高等院校的人数多，建筑面积大。据统计，2015年年底全国普通高等院校和成人高等院校在校学生超过3647万人，教职工205万人，共计3852万人，占全国城镇总人口的5.5%；建筑总面积达到5.9亿平方米，占全国城镇建筑总面积的2.8%。中国高等院校的人数已超过了加拿大等许多国家的人口。

能源、水资源消耗基数较大。据统计，2015年全国高等院校总能耗是2.924×10^7 t标准煤，占全国能耗的9.6%；总用水量约为4.1×10^9 t，占全国城镇生活用水总量的8.14%。

搞好高等院校节能减排教育，不仅能产生巨大的节能环保效益（如果全国近千所高等院校都成为"低碳大学"，预计可节省资金约210亿元/年），而且有利于培养青年学生树立节能环保意识，养成珍惜资源、保护环境的自觉行为习惯。因此，加强大学生的节能减排教育，意义重大、影响深远，可以说是功在当代、利在千秋的大事。

3.4.2 人均能源、水资源消耗量大

据统计，2015年全国高等院校人均生活能耗为0.897t标准煤，是全国人均生活能耗的4倍；人均生活用水每年145t，是全国城镇人均生活用水的2倍。

3.4.3 能源环境管理模式粗放

高等院校通常采用全校区集中管理模式，即通过专门设置的后勤部门管理全校范围内的水资源使用、电能消耗、易耗品分配等环节，而后勤部门的职责仅仅局限于管理使用和后期的相关费用支付活动，往往没有有效利用源头削减、过程管理等清洁生产理念进行管理，或者没有意识到清洁生产的必要性。

高等院校由于行业特点，需要生活区、教学区、实验区各个区域各发挥其作用，相互协作，才能保证正常教学、科研活动的顺利进行。此外，学校占地面积较大，人口众多且人口密度较大，学校日常活动中照明和办公设备、实验仪器、大型设备等频繁使用，均会导致资源能源消耗浪费，因此可以从各种途径挖掘清洁生产方案。

高等院校是社会保障的基础，也属于服务业中的资源能源消耗大户，虽然北京市在高等院校推行清洁生产取得了一定的成果，但由于高等院校涉及面广、人员设备众多、资源能源消耗大、污染物量大等特征，需要进一步开展大量的基础研究和实践，而且全国其他地区学校的清洁生产工作仍处于起步阶段，因此在全国范围的高等院校内推行清洁生产，对于降低能源消耗、保护环境、和谐发展具有巨大的推动作用。

3.4.4 实验室环境管理有待提高

高等院校在实验过程中产生的有毒有害废物尚未引起有关部门重视。随着高等教育的发展和高等院校科技创新能力的提升，高等院校实验室的科研教学活动更加频繁，实验室所排放的废气、废液、固体废物等有毒有害废物的种类一直在不断增加，成分越来越复杂，排放量也越来越大，危害也逐渐增大。如重金属、有毒气体、有机或无机溶剂、分子生物学试剂、生物细菌毒素、不可降解材料及放射性元素等，这些排放物中有很多是剧毒、致突变、致畸形、致残废、致癌的物质，而高浓度有剧毒的废液如果通过城市排水系统排入湖河，会造成水质严重污染，其污染问题日渐凸现。目前，多数高等院校没有把环保设施纳入实验室基础设施建设范畴，多数实验室未开展环境监测；危险废物处理处置不规范。

3.5 高等院校清洁生产潜力

自1992年以来，我国开始推广清洁生产，主要侧重于工业界，而农业、服务业并未涉及。面对环境保护的呼声，作为服务业一部分的教育业，开展清洁生产已成为必然。将清洁生产内涵扩展到高等教育方面，产生了一种新的定义，即从校园基础设施建设、教学资源的配置、新技术的设计与开发到学生培养的整个系统过程，都要既考虑教育事业的发展，又要积极减少对环境的直接和间接影响，从而实现其可持续发展。

3.5.1 节能潜力

通过清洁生产来规范提高学校的整体管理水平，以减少能源和物质消耗，具有重大的意义。

高等院校占地面积相对较大，人口数量较多，因此，照明、常用设备（如电脑、打印机、传真机等）、空调及电梯等耗电环节比较多，这些往往是保证学校正常运行所消耗的必需电耗。但往往存在一些无用电耗，如晚上自习间只有2~3个学生，却开着6盏40W的灯具，这在一定程度上属于电力资源的浪费。目前，在照明用具选择上，将旧的白炽灯或节能灯更换为LED灯，这是典型的节能措施。但仍需在合理安排下，增加其他措施，从而达到节约用电量的目的。

随着国家经济的发展和科技的进步，各高等院校的教学设备、科研高新仪器、大型装置等大量引入，而高等院校师生对这些资源的不合理利用导致了能源的浪费，尤其是电能消耗的问题尤为突出。因此，需制订详细的实验室设备使用章程，并及时对设备使用人员进行专业操作培训，从而减少设备的无用功消耗。

与其他领域的节能减排工作相比，高等院校实施节约型校园建设有以下4个方面的优势。

① 主体明确，易于监管。学校亟待降低办学成本，对减少能源开支、节能节水工作的主动性和积极性很高，愿望强烈。高等院校的管理机构很具体，实施主体很单一，可操作性强。

② 特点鲜明　容易复制。同一地区、同一类型的高等院校，同类建筑的用能特点和变化规律很相似，节能减排的技术和监管平台易于大力快速推广。

③ 科研能力强，易于实践。高等院校是科研的主要基地，易于整合多方资源，发挥团队和集体的智慧，研究、开发、推广高等院校的节能产品，为高等院校的节能减排工作奠定了科技基础。

④ 教学的优势，易于扩散。高等院校既是科研的主要基地，又是培养学生的主要基地。大学生的思想、观念很活跃，容易形成节约的观念，同时有利于把节约的良好习惯和观念进一步扩散到社会中。

3.5.2 节水潜力

水是日常生活必不可少的必需资源，高等院校的水资源主要分为生活用水和实验用水两部分，应针对不同的水污染过程及最终污水的特性进行科学处理。

高等院校的生活废水一般无有毒有害物质或特殊污染物质排放，属于一般性的有机污水，可以考虑源头控制和循环利用的清洁生产方案。在水龙头处粘贴"节约用水"告示，宣传节约用水理念，而一般的洗涤水则可集中处理后用于绿化、洗车、冲厕等对水质要求不高的场所。

实验区虽然也产生废水，但因为实验类型不同，实验室的水会作不同用途，最终所排放的实验废水的理化性质也可能差异较大。根据实验室废水中所含主要污染物的性质，可以分为有机废水、无机废水和含病原微生物废水。其中，无机废水中含有重金属、重金属络合物、酸碱、硫化物、氰化物以及其他无机离子等；有机废水中含有常用的有机溶剂如有机酸、酚类、醚类、油脂类等物质；含病原微生物实验废水主要是生物实验室的化验废水、解剖台冲洗废水等。根据实验室废水中所含污染物的主要成分分类，可以分为酸性废水、碱性废水、重金属废水、含酚废水、卤类废水等。根据实验室废水中污染物浓度的不同，可以分为高浓度实验废水、低浓度实验废水和无污染水。其中，高浓度实验废水一般包括液态失效试剂、液态实验废弃物或中间产物、各种洗涤液；低浓度实验废水包括实验仪器、实验产物的低浓度洗涤废水和实验室各项保洁卫生用水；无污染水则包括实验过程中用到的冷却水、水浴及恒温等加热用水、其他清洁用水等。

高等院校实验室废水量少，间断性强，危害性高，污染物的组成不同，从而导致处理的原理和方法不同，因此，处理这类废水有一定的难度。目前，处理此类实验室污水比较成熟的方法如下。

① 絮凝沉淀法。此方法适用于含有较多重金属离子的无机实验废水，当确定了废水中的重金属离子后，选出合适的絮凝剂，例如石灰、铁盐、铝盐等，在弱碱性条件下可形成 $Mn(OH)_2$、$Fe(OH)_3$、$Al(OH)_3$ 等絮状沉淀，同时这些絮状沉淀也具有吸附作用，可以在去除重金属离子的同时，去除水中的部分其他污染物，降低水中化学需氧量，提高废水的可生化性。

② 硫化物沉淀法。此方法主要针对含有镉、铅、汞等重金属较多的实验室污水，一般是用 Na_2S 或 $NaHS$ 把废水中的重金属转变为难溶于水的金

属硫化物,再与 Fe(OH)$_3$ 共沉淀进行分离。具体做法:将废水的 pH 值调到 8.0~10.0,向废水中加入过量的 Na$_2$S,使其生成硫化物沉淀,再加入 FeSO$_4$ 作为共沉淀剂,生成的 FeS 将水中悬浮的金属硫离子吸附而形成共沉淀,静置、分离并过滤。

③ 氧化还原中和沉淀法。呈离子状态的无机金属离子可以利用一些还原剂将其转化为金属单质,再经过分离去除。常用的还原剂有 Fe、Zn、NaBH$_4$ 等。

④ 活性炭吸附法。此方法多用于去除用化学或物理方法不能去除的微量溶解状态的有机物。具体处理方法:将废水分为有机和无机两相并分离,再用活性炭进行二次吸附。这种方法的化学需氧量去除率可达 93%,同时活性炭还能吸附部分无机金属离子。

⑤ 焚烧法。此方法适用于可形成乳浊液之类的废液,但要避免因使用此方法而产生二次污染。例如只含有碳、氢、氧元素的有机废物在燃烧时一般不会产生二次污染,而含有卤素、氮、硫等元素的有机废物焚烧时将会产生 NO、NO$_2$、SO$_2$ 等多种有毒气体,此时就应该考虑采用其他方法。

⑥ 处理含重金属离子实验废水的其他方法。在处理含重金属离子的废水方法中,除了以上的硫化物沉淀法和絮凝沉淀法外,还有电解凝聚法、吸附法、磁分离法、还原离心法、离子交换法等。利用还原离心法去除重金属离子时,在 6000r/min 条件下运行 30min,汞离子的去除率达到 100%,铅离子可达 98.3%。

⑦ 高浓度有机废水处理方法。处理高浓度的有机废水除了可以用上述的焚烧法和活性炭吸附法外,还可以利用溶剂萃取法、氧化分解法、水解法以及生物化学处理法等。

处理高等院校实验室废水,实质上就是采用各种手段和技术,将废水中的污染物分离或转化为无毒无害物质,从而使废水得到净化,达到直接排放或便于收集的标准。由于高等院校实验室废液的组成相对复杂,排放量小,排放周期不定,瞬时排放浓度较高,不可能只用一种方法就把所有污染物去除殆尽,因此处理废液往往需要几种方法组合才能取得较好的处理效果。

3.5.3 污染物减排潜力

高等院校的各种"三废"排放具有种类繁多、成分复杂、排放量大的突出特点。除普遍存在的厨余垃圾、生活垃圾、医疗垃圾外，高等院校的实验区要进行学科相关的实验，特别是化学、生物、医学学科的特殊实验要在通风橱或隔离环境内进行，实验过程产生或使用的药品会产生对人体有害的气体，这些气体如果没有经过有效处理或过滤就排放进入大气，会对大气环境造成严重污染。因此，对相关单位废气收集处理装置的改造也是十分必要的。

相对而言，高等院校的教学区和实验区一般固体废物的产生量比较小，而生活区为一般固体废物的典型产生区域，该区域固体废物产生量大，种类较固定，具有较大的分类处理潜力。此外，高等院校的固体废物除一般的生活垃圾外，比较特殊的有实验后的残留固体试剂、絮凝沉淀所产生的沉淀残渣、消耗或破损的实验用品等。一般生活垃圾可以进行分类整理后分别处理；实验后的残留固体试剂、沉淀残渣、消耗或破损的实验用品等，分类收集后交给有资质的单位集中处理。

3.6 高等院校推行清洁生产的意义

（1）降低高等院校运行成本

清洁生产与降低成本是互补的。教育成本按其所包括的范围不同有广义和狭义之分。广义成本是一种理论成本，是完全教育成本。狭义成本则指高等院校为培养高级专门人才而开支的费用，分为人员经费和公用经费。

高等院校推行清洁生产就是通过分析运行现状，用最节约的方式来改善活动对环境的影响。目前，高等院校存在浪费严重、能耗居高不下的现象。因此，在教与学的过程中，应减少垃圾产生和纸张浪费，节约水资源和电能等，从而减少公用经费的开支，也就降低了高等院校的办学成本。

（2）增强高等院校竞争力

高等院校正由"卖方市场"逐步走向"买方市场"，其生存和发展面临着国内外同行的竞争。为了在激烈的竞争中立于不败之地，高等院校必须注意加强内涵建设，提高管理水平。实行校园清洁生产，将高等院校有限的教学资源科学地管理，有效地组织和协调起来，提高办学水平和办学效益，从而增强自身的竞争力。

（3）提升高等院校的形象

高等院校形象是社会公众对高等院校的总体印象和评价，它包含显性形式（如校园、校舍等）和隐性形式（如办学理念、校园文化等）。高等院校作为知识和文明的传播者，若能积极推行清洁生产，会带来整洁的校园、节能的校舍，把环境保护观念贯穿于整个校园文化建设，师生身体力行地削弱或避免对环境造成危害，相对地提高环境质量和效率，必能受到社会的好评，其自身的形象与影响力也会得到进一步提高。同时，人们会自觉或不自觉地给予高等院校更多的支持，高等院校将获得更多的发展资源。

（4）促进高等院校管理水平提高

高等院校推行清洁生产的过程，也是自身加强系统化、规范化、科学化、标准化管理的过程。首先进行全校性的绿色教育，培养师生的清洁生产意识，进行一定的清洁生产技术培训，使全校师生在管理理念上统一。其次，为了达到清洁生产绿色校园的目标，学校的一切行为都以清洁为标准进行衡量，包括使用清洁能源、各项节能措施、原材料降耗、学校环境污染治理达标等。

（5）促进高等院校可持续发展

今后，高等院校将作为自主经营、自负盈亏的实体走向市场，那些管理不善、办学水平低、办学效益差的高等院校在激烈的竞争中将难以生存。而推行清洁生产后，高标准的管理会调动师生的主体能动性，做到决策科学化、民主化，优化配置有限资源，使社会、经济、资源环境与高等院校有机结合，从而可以保持和增强高等院校未来发展的机会，最终实现高等院校的可持续发展。

参考文献

[1] 王燕．发达国家中小学节能减排教育研究［D］．上海：上海师范大学，2014．

[2] 史银娟，崔君君．要积极开辟校园低碳教育的路径［J］．教育实践与研究，2011（09）．

[3] 鲁丰先，秦耀辰，刘珊珊，等．校园生态足迹与节能减排学校行动——以河南大学为例［J］．安徽农业科学，2008（15）：6503-6507．

[4] 李广军，顾晓薇，王青，等．沈阳市高校生态足迹和生态效率研究［J］．资源科学，2005，27（06）：140-145．

[5] 黄颖娜．学校节能减排教育长效机制探析——基于可持续发展战略的视角［J］．辽宁行政学院学报，2010，12（5）：79-80．

[6] 马莉艳. 贯彻落实科学发展观, 推进高校节能减排途径研究 [J]. 出国与就业（就业版）, 2012（6）: 212.

[7] 张喜明. 学校节能减排工作的主要途径和措施 [J]. 新课程学习: 社会综合, 2010（8）: 21-22.

[8] 王金明, 郗延民. 深入开展"节能减排学校行动", 积极推进节约型学校建设 [J]. 潍坊教育学院学报, 2008, 21（1）: 3-5.

[9] 顾晓薇, 李广军, 王青, 等. 高等教育的生态效率——大学校园生态足迹 [J]. 冰川冻土, 2005, 27（03）: 418-425.

[10] 许斌, 戚国强, 王娜. 新时期高校"行为节能"管理效益与构建初探 [J]. 东北农业大学学报（社会科学版）, 2010, 08（4）: 122-124.

[11] 谭洪卫. 管理节能、科技节能、行为节能——《高等学校节约型校园建设管理与技术导则（试行）》解读 [J]. 建设科技, 2008（15）: 22-25.

[12] 张俊勇, 张玉梅. 美国大学校园的节能行动和措施 [J]. 煤炭高等教育, 2011, 29（1）: 97-100.

[13] 张强. 高校节约型校园建设思路探究 [J]. 现代企业教育, 2014（22）: 175.

[14] 栾彩霞, 祝真旭, 陈淑琴, 等. 中国高等院校绿色校园建设现状及问题探讨 [J]. 环境与可持续发展, 2014, 39（6）: 71-74.

[15] 秦海啸, 王爱玲. 国外低碳校园如何建设？[J]. 环境经济, 2016（6）.

[16] 余昌海. 浅析节约型校园建设 [J]. 学园: 学者的精神家园, 2014（8）: 40-41.

第4章 高等院校清洁生产审核方法

4.1 清洁生产审核概述

4.1.1 清洁生产审核的概念

《清洁生产审核办法》(中华人民共和国国家发展和改革委员会 中华人民共和国环境保护部令 第38号)指出:清洁生产审核是指按照一定程序对生产和服务过程进行调查和诊断,找出能耗高、物耗高、污染重的原因,提出降低能耗、物耗、废物产生,减少有毒有害物料的产生、使用和废弃物资源化利用的方案,进而选定并实施技术经济及环境可行的清洁生产方案的过程。

清洁生产审核是对审核主体现在的和计划进行的生产和服务实行预防污染的分析和评估,是企事业单位实行清洁生产的重要前提。在进行预防污染分析和评估的过程中,制订并实施减少能源、水和原辅材料使用,消除或减少生产(服务)过程中有毒物质的使用,减少各种废物排放及其毒性的方案。

通过清洁生产审核,达到:
① 核对有关单元操作、原材料、产品、水资源、能源和废物的资料;
② 确定废物的来源、数量以及类型,确定废物削减的目标,制订经济

有效的削减废物对策；

③ 提高审核主体对削减废物获得效益的认识和知识；

④ 判定审核主体效率低的瓶颈部位和管理不善的地方；

⑤ 提高审核主体的经济效益和教学质量。

4.1.2 清洁生产审核原理

清洁生产审核就是从原辅材料和能源、技术工艺、设备、过程控制及废物等方面进行分析，找出能耗高、污染大的教学环节，并有针对性地提出清洁生产方案，以取得较好的经济效益和环境效益。

高等院校在对废物的产生原因分析时要针对以下 8 个方面进行。

① 原辅材料和能源。在开展教学活动的建设期、运行期及维护期，企事业单位都需要购买各种材料和能源，如建筑材料、运行耗材、辅助运行设备、汽油、柴油等不同品类能源，这些原辅材料和能源本身对环境的友好程度（是否节能节水、是否产生污染物）在一定程度上决定了高等院校教学过程对环境的危害程度，因而选择对环境无害的原辅材料和能源是清洁生产所要考虑的重要方面。

② 服务流程。高等院校推行清洁生产，实现节能减排，很大程度上取决于在校师生的行为习惯。高等院校的服务内容主要包括为学生提供引导式教育、为教师提供公共学术服务和提供公正、安全、稳定的校园环境。以教学为核心，围绕教学、教育、管理、宣传四个方面开展服务。

③ 主体建筑与设备。高等院校的主体建筑（如教学楼、宿舍楼、食堂等）、各种运输设备、辅助运行设备等作为高等院校服务过程的具体体现，承担了主要的服务功能，设施与设备的购置时间、使用年限、适用情况、先进程度、维护保养等情况均会影响到能源资源的利用效率及废弃物的产生。

④ 过程控制。过程控制对许多服务过程是极为重要的，直接影响到能源的利用效率和废弃物的产生。

⑤ 服务。教学流程的优化能够提高工作效率，降低资源消耗。

⑥ 废弃物。废弃物本身所具有的特性和所处的状态直接关系到它是否可现场再用或循环使用。

⑦ 管理。加强管理是高等院校单位发展的永恒主题，任何管理上的松懈均会严重影响到能源资源利用效率及废弃物的产生。

⑧ 人员。教学的服务过程，无论教学设备的自动化程度多高，都需要人的参与，提高教师及学生的参与度和节能减排的积极性，也是有效控制服务过程和废物产生的重要措施。

清洁生产审核原理和思路见图 4-1。

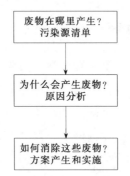

图 4-1　清洁生产审核原理和思路

4.1.3　清洁生产审核程序

清洁生产审核程序应包括审核准备、预审核、审核、方案的产生和筛选、方案的确定、方案的实施和持续清洁生产。

审核准备阶段应宣传清洁生产理念，成立清洁生产审核小组，制订审核工作计划。

预审核阶段应通过现场调查、数据分析等工作，评估高等院校清洁生产水平和潜力，确定审核重点，设置清洁生产审核目标，同时应提出并实施无/低费清洁生产方案。

审核阶段应通过水平衡、能量平衡等测试工作，系统分析能耗、物耗、废物产生原因，提出并实施无/低费方案。

方案的产生和筛选阶段应筛选确定清洁生产方案，核定与汇总已实施无/低费方案的实施效果。

方案的确定阶段应按市场调查、技术评估、环境评估、经济评估的顺序对方案进行初步论证，确定最佳可行的推荐方案。

方案的实施阶段应通过方案实施达到预期清洁生产目标。

持续清洁生产阶段应通过完善清洁生产管理机构和制度，在高等院校建立持续清洁生产机制，达到持续改进的目的。

各阶段工作内容如表 4-1 所列。

第4章 高等院校清洁生产审核方法

表 4-1　各阶段工作内容说明

序号	阶段	工作内容
1	审核准备	(1) 取得领导支持； (2) 组建审核小组； (3) 制订审核工作计划； (4) 开展宣传教育
2	预审核	(1) 准确评估高等院校技术装备水平、产排污现状、资源能源消耗状况、管理水平、绿色消费宣传模式等； (2) 发现存在的主要问题及清洁生产潜力和机会，确定审核重点； (3) 设置清洁生产审核目标； (4) 实施无/低费清洁生产方案
3	审核	(1) 收集汇总审核重点的资料； (2) 水平衡测试、能量测试； (3) 能耗、物耗、废物产生分析； (4) 提出并实施无/低费方案
4	方案的产生和筛选	(1) 筛选确定清洁生产方案，筛选供下一阶段进行可行性分析的中/高费方案； (2) 核定与汇总已实施无/低费方案的实施效果
5	方案的确定	(1) 对会造成服务规模变化的清洁生产方案要进行必要的市场调查，以确定合适的技术途径和生产规模； (2) 按技术评估→环境评估→经济评估的顺序对方案进行分析，技术评估不可行的方案，不必进行环境评估；环境评估不可行的方案，方案不可行，不必进行经济评估； (3) 技术评估应侧重于方案的先进性和适用性； (4) 环境评估应侧重于方案实施后可能对环境造成的不利影响（如污染物排放量增加、能源资源消耗量增加等）； (5) 经济评估应侧重于清洁生产经济效益的统计，包括直接效益和间接效益
6	方案的实施	(1) 清洁生产方案的实施程序与一般项目的实施程序相同，参照国家、地方或部门的有关规定执行； (2) 总结方案实施效果时，应比较实施前与实施后，预期和实际取得的效果； (3) 总结方案实施对高等院校的影响时，应比较实施前后各种有关单耗指标和排放指标的变化
7	持续清洁生产	(1) 建立和完善清洁生产组织； (2) 建立和完善清洁生产管理制度； (3) 制订持续清洁生产计划； (4) 编制清洁生产审核报告

4.2　审核准备阶段的技术要求

审核准备阶段需要成立清洁生产审核小组，制订审核工作计划；宣传清洁生产理念，消除思想障碍，调动全体员工参与清洁生产审核的积极性。

主要工作内容如下所述。

(1) 取得领导支持

利用内部和外部的影响力，及时向学校领导宣传和汇报，宣讲清洁生产审核可能给学校带来的经济效益、环境效益、社会效益、无形资产的提高和推动技术进步等诸方面的好处，讲解国家和地方清洁生产相关政策法规，介绍国内外其他高等院校推行清洁生产工作的成功实例，以取得学校领导的支持。

(2) 组建审核小组

高等院校根据规模大小，成立清洁生产审核领导小组和工作小组。

组长：应由校长直接担任，或由其任命主管能源环保或工程、后勤的副校长担任。

成员：要求具备清洁生产审核知识，熟悉学校管理、服务和维修等情况，主要由后勤和财务部门以及作为审核重点的部门的相关人员组成。

(3) 制订审核工作计划

计划包括工作内容、进度、参与部门、负责人、产出等。

(4) 开展宣传教育

利用学校现有宣传渠道，采取专家讲解、电视录像、知识竞赛、参观学习等方式，对全体师生或分批次进行宣传教育。由于高等院校的学生流动率较高，应注重学生持续宣传教育工作。主要内容应包括但不限于清洁生产的概念和来源、我国清洁生产政策法规、高等院校产业政策和环境保护法规标准、国家和地方节能减排鼓励政策、清洁生产审核程序及方法、典型清洁生产方案、能源环境管理制度建设及执行方式等。

4.3 预审核阶段的技术要求

4.3.1 目的与要求

预审核阶段的主要目的如下：

① 准确评估高等院校的技术装备水平、产排污现状、资源能源消耗状况和管理水平、绿色宣传模式等。

② 发现存在的主要问题及清洁生产潜力和机会，确定审核重点。

③ 设置清洁生产审核目标。

④ 实施无/低费清洁生产方案。

4.3.2 工作内容

进行资料收集，并通过现场调研、访谈等方法进行核实与修正，比较实际生产和原始设计的差异，发现生产中出现的问题。同时，在全校范围内寻找明显的无/低费清洁生产方案。主要工作方法包括资料调查、现场考察、技术研讨、对标分析等。

4.3.3 现状分析

（1）开展学校概况调研分析

高等院校作为一个综合性的单位，应科学、系统地分析校园各个区域的功能特点，包括单位基本信息和主要运行活动信息、地理位置、校园基本信息（如校园面积、建筑面积、平面布置情况、建筑功能分布、实验室面积、实验室功能分布、空调面积、采暖面积、绿化面积、附属设施等）、组织机构等情况。全面记录单位基本情况（注：不包括教师家属区、校内商业区及学校范围内作为商业用途的出租门面和住房）。

（2）开展学校状况调研分析

说明高等院校主要的学科分类，主要设置的学科专业，各学院学生数量、教师数量，各学院主要课程分类及所有的教室类别（普通教室、实验室、会议室等）；分析高等院校服务流程，是否对清洁生产进行课程培训并定期活动和宣传。

（3）开展主体建筑和设备状况调研分析

统计校区内办公室、教室、宿舍、实验室、体育馆、图书馆、表演厅等主要建筑物的面积、功能等信息及使用情况（不包括外租、商业用途区域）。根据院校活动特点，从各个环节全面了解各个区域的运行过程及设备使用情况。由于空调系统和供暖系统也是重点耗能单位，主要设备统计应统计空调系统主要耗能设备（如制冷机组、冷却塔等）及设备详细参数、供暖系统主要耗能设备（如换热器、热水循环泵等）及设备详细参数。

（4）开展配套设施情况调研分析

统计高等院校洗衣房、锅炉房、浴室等主要场所的运行参数，包括使用人员数量，场馆配套照明系统情况，热水供应情况，运行、维护情况，主要资源能源消耗、洗涤剂等化学添加剂使用情况等（不包括产权不归学校的工厂、商业性质的游泳馆等场所）。

（5）开展资源能源利用情况调研分析

主要资源能源使用情况，取得近3年综合能耗及各项单耗基础数据，了解污染物产生源头及产生情况（能耗数据应去除校区内商业用途区域、建筑物所消耗的资源、能源使用量）。

（6）开展易耗品消耗情况调研分析

统计易耗品（办公区统计墨盒、打印纸、办公器材等；教学区统计教学消耗品；生活区统计清洁用品、消毒剂、清洗剂等）消耗情况，分析易耗品的消耗特点及减少途径。

（7）开展环境保护状况调研分析

分析近三年废水、废气的产生和排放情况，及固体废物处置情况等。包括生活废水、实验废水、废气产生排放情况，固体废物处置情况，各区域垃圾分类处理情况等。全面了解院校废物产生种类及处理途径，统计院校中水、循环水使用情况，查看危废（实验废水、实验废物）处理情况（包括危险废物转移联单、危险废物处理登记表等），了解学校相关产业政策执行情况。调查学校是否有污水处理站及其运行情况；检查餐厨垃圾是否进行就地资源化处理，能否达到相关环境标准。

（8）开展节能环保技术应用情况调研分析

考核校园建设项目、基础设施运行项目中建筑节能技术、节能照明技术、暖通空调设备系统的节能技术、水资源节约技术、可再生能源利用技术等。统计全校节能灯/LED灯使用情况、节水器具使用情况、中水系统使用情况和效果等；调查餐厨垃圾就地处理等产业绿色环保政策落实程度。

（9）开展绿色消耗情况调研分析

是否结合校园情况倡导可行的低碳节能消费等制度和措施，如：开水房安装卡片式感应取水系统，在明显位置粘贴垃圾分类收集处理提示标志等。是否执行绿色校园采购制度，办公用品、办公电器、办公消耗品等均采购绿色环保、可再循环使用的国家推荐产品。

（10）开展管理状况调研分析

分析校园的运行过程，各种物资、器材、消耗品的使用管理现状，全校环境管理制度执行情况，及全校员工和师生的节能环保意识水平。检查全校区范围内的计量器具配备情况。从节约型校园建设及运行管理的角度对全校园范围（不包括外租、商业用途区域）进行环境和能源管理状况分析。

（11）开展后勤及第三方管理调研分析

分析后勤保障系统，如：是否推行供热与锅炉控制节能系统，建立办公自动化系统，建立校园垃圾分类处理系统，食堂厨余垃圾资源化利用情况等。应分析学校对相关服务方的管理情况，如：危险废物处置单位是否具有相关资质证书，是否对校区内餐厅提出清洁生产要求等。

4.3.4 现状调研方法

主要的现状调研方法包括：

① 查阅设计图纸、设备清单等；

② 查阅各项记录，包括原辅材料采购报表、水耗表、能耗表、设备运行记录表、废物储存运输报表、环境监测表、事故记录表、检修记录等；

③ 与院校各级别工作人员座谈，了解并核查服务过程主要存在的问题，听取意见和建议，筛选关键问题和工序，征集无/低费方案。

4.3.5 清洁生产水平评价和政策符合性分析

① 在资料调研、现场调查的基础上，对学校全校区范围内的运营模式、附属设施运行情况、技术装备水平、资源能源消耗情况、污染物排放及处理情况等多个方面进行该学校清洁生产水平初步评价。

② 对比国内外同类型学校的运行、管理模式，分析不同学校服务特点及资源能源消耗和产排污水平，从而分析存在差距的原因。

③ 根据《清洁生产评价指标体系 高等院校》（DB11/T 1264）及相关行业文件，评价该学校清洁生产水平。

④ 对照《用能单位能源计量器具配备和管理通则》（GB 17167）和《用水单位水计量器具配备和管理通则》（GB 24789）评价计量器具配备和使用情况。

⑤ 对照《环境管理体系 要求及使用指南》(GB/T 24001) 和《能源管理体系 要求》(GB/T 23331) 评价环境和能源管理体系建设和运行情况。

⑥ 评价学校执行国家及北京市地方环保法规及行业排放标准的情况，包括污染物排放达标情况、缴纳环保税及处罚情况等。废水排放执行《水污染物综合排放标准》(DB11/307) 标准；锅炉大气污染物排放执行《锅炉大气污染物排放标准》(DB11/139)；油烟排放执行《饮食业油烟排放标准》(GB 18483)；噪声控制执行《社会生活环境噪声排放标准》(GB 22337)；固体废物处理处置执行《危险废物贮存污染控制标准》(GB 18597)、《一般工业固体废物贮存、处置场污染控制标准》(GB 18599) 等。

4.3.6 确定审核重点

高等院校的审核范围主要包括教学区、实验区和生活区。针对不同区域的审核关注重点不同。

① 教学区。重点关注照明设备较多的教室及专业性教室、空调制冷系统和供热系统等。

② 实验区。实验室长期进行化学实验，需要大量化学试剂、玻璃仪器、实验设备等，以及气体钢瓶、试剂保存柜等，化学品的使用和处置是审核关注的重点。其次，实验室的水、器材或照明用电等消耗是实验区的主要消耗环节。

③ 生活区。生活区人员活动密集，人口密度比其他两区大，因此，能源消耗量较大，水资源使用量大，一般生活固体废物的产生量也比较大。此外，食堂油烟排放环节也是审核关注重点。

注：校区内作为独立商业经营的宾馆、饭店、洗衣房等服务设施不纳入审核范围。

4.3.7 设置清洁生产目标

高等院校的清洁生产目标应包括但不限于以下几项。

① 教学区：生均综合能耗、单位建筑面积综合能耗、生均新鲜水消耗量。

② 实验区：一般固体废物处理率、危险废物产生量。

③ 生活区：生均新鲜水消耗量、外排废水 COD 浓度、餐厨垃圾产生量、水重复利用率、再生水回用率。

4.4 审核阶段的技术要求

4.4.1 目标及要求

审核阶段的主要目的是根据审核重点的实际情况，进行必要的测试，找出水耗、能耗高以及产生废物的原因，为清洁生产方案的编制提供依据。本阶段的重要工作是开展测试工作，根据高等院校实际情况建立水平衡、能量平衡等平衡，开展必要的水量、能量测试，分析水耗、能耗、物耗、废物产生原因，提出解决这些问题的办法。

4.4.2 工作内容

（1）资料收集

收集审核重点的资料，明确水、电、燃气等资源、能源的使用情况，明确所有的单元操作，能流、物流的流动情况及总的输入和输出情况。平衡测试以实测为主，能源计量器具配备应符合《用能单位能源计量器具配备和管理通则》（GB 17167）的相关规定。

（2）水平衡测试

根据学校实际情况开展水平衡测试工作。制订测试计划，包括测试环节、监测周期、监测方法、监测仪器等。测试方法参照《企业水平衡测试通则》（GB/T 12452）。测试工具应以水表为主，一级水表计量率应达到100%，二级水表计量率应达到100%。

具有实验室的高等院校重点关注实验过程中水资源的消耗量、排放量及排放去向环节。

其他高等院校重点关注的环节包括中央空调冷却水系统、浴室、盥洗室、洗衣房、餐饮、绿化等。

通过水平衡测试，应计算测试期间的单位建筑面积取水量、人均取水量、单位餐次取水量、水重复利用率、中水回用率等指标。

参照国家和地方相关取水定额等标准进行对标分析，高等院校取水定额应参照《公共生活取水定额 第3部分：饭店》（DB11/554.3）和《清洁生

产评价指标体系 高等院校》（DB11/T 1264）。

高等院校水平衡测试可参见图4-2。

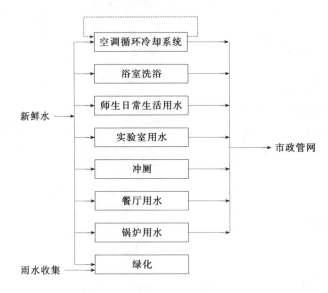

图4-2 高等院校水平衡测试示意

（3）能量平衡测试

高等院校消耗的能源品种主要包括电力、热力、天然气、煤炭等。其中，煤炭使用量已逐渐减少。

根据高等院校实际情况以及审核工作的需要，进行必要的能量测试，可重点开展电平衡测试，也可选择冬季开展热平衡测试。

通过能量平衡测试，应计算测试期间的单位建筑面积电耗、单位生源电耗、单位生源供暖能耗、单位生源综合能耗等指标。

参照国家和地方相关能耗限额等标准进行对标分析，高等院校能耗限额应参照《清洁生产评价指标体系 高等院校》（DB11/T 1264）。

高等院校电力流向可参见图4-3。

锅炉能量平衡测试应符合以下要求：锅炉综合能耗应符合《供热锅炉综合能源消耗限额》（DB11/1150）的相关规定；锅炉能效测试参照《工业锅炉能效测试与评价规则》（TSG G0003）执行。

（4）分析能耗、水耗、物耗、废物产生的原因

分析高等院校能耗高、水耗高、垃圾产生量大的原因主要包括但不限于：

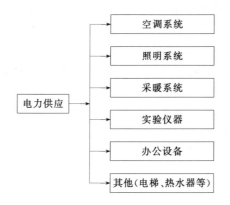

图 4-3　高等院校电力流向

① 学校人员活动较多，人口基数大，各种照明器材、实验仪器、办公设备使用量也较大，因此能耗整体较大。

② 学校人员流动性大，人员节能环保意识差异较大，缺乏长期、持续的宣传教育活动。

③ 学校校区面积大，建筑物多，中央空调系统、供热系统等设备不能保证定时全面检修。部分老校区设备老化严重，导致大量资源能源浪费。

④ 燃煤锅炉需要及时淘汰，更新为燃气锅炉。

⑤ 高等院校设置学科较多，各个学科均会产生具有学科特色的实验室废物，产生废化学药品及试剂、废旧灯管等危险废物，严格执行《危险废物鉴别标准 通则》（GB 5085.7）和《危险废物贮存污染控制标准》（GB 18597）的规定。放射源按国家规定处理，生化类危废按国家规定处理。电子废物依照《电子废弃物污染环境防治管理办法》规定登记在册，按年度进行报废设备的收集集中，并交付有资质的单位进行处置。

⑥ 个别学校没有中水回用设施，或是设施运行、维修存在问题。

⑦ 缺乏雨水收集系统，需根据情况建立雨水收集系统，合理利用收集的雨水资源进行冲洗及灌溉。

⑧ 厨余垃圾不能做到就地资源化处理。

⑨ 办公用品消耗量过大，办公器材缺少有效维护。

⑩ 节能减排、绿色校园管理体系不健全，没有固定的管理部门或岗位进行专业的节能减排、绿色校园建设工作。

⑪ 水、电、气计量器具配备率低，不能对关键耗能、耗水环节进行量

化监督。

4.5 方案产生与筛选阶段的技术要求

4.5.1 目的与要求

方案产生与筛选阶段的主要目的为：通过筛选确定清洁生产方案，筛选供下一阶段进行可行性分析的中/高费方案；核定与汇总已实施无/低费方案的实施效果。

4.5.2 工作内容

该阶段需要：产生方案，对方案汇总、筛选、研制，现有方案效果分析。

产生方案这一工作贯穿于整个清洁生产审核，因为清洁生产方案的数量、质量和可行性直接关系到高等院校清洁生产审核的成效，是审核过程的一个关键环节。从影响高等院校服务过程的"8个方面"全面系统地产生清洁生产方案，包括但不限于以下几种：

① 对全校师生、在职员工以及家属等进行宣传动员，鼓励大家克服思想障碍，积极提出清洁生产方案或合理化建议，并给予一定的奖励措施。

② 通过预审核阶段数据分析产生清洁生产方案。

③ 通过审核阶段测试分析产生清洁生产方案。

④ 针对审核阶段的平衡分析结果产生清洁生产方案。

⑤ 参考国家、地方和行业标准、技术规范等指导性文件。

⑥ 组织行业专家、环保专家、能源专家等进行技术咨询并产生清洁生产方案。

⑦ 通过类比法，广泛收集国内外各大高等院校的先进技术。

4.5.3 常见清洁生产方案

高等院校的常见清洁生产方案示例见表4-2。

表 4-2　高等院校常见清洁生产方案示例

序号	部位和过程	清洁生产方案
1	照明灯具	(1)科学设计安装照明设备,降低设备投入经费; (2)使用节能灯具; (3)合理使用照明,减少或避免无效照明; (4)走廊使用感应灯光照明,路灯使用时间控制器; (5)会议室、餐厅等大面积区域采用分区照明的方式
2	空调	(1)增加窗户的密封性; (2)拉开窗帘,导入阳光,减少空调制热; (3)关上窗户,挡住阳光,减少空调制冷; (4)粘贴提示标语,无人时及时关闭空调; (5)空调每年至少清洗一次,节约电能; (6)公共区域温度夏季设定 26℃,冬季设定 16℃,节约用电; (7)进行中央空调智能化改造,采用智能模糊控制技术; (8)通过改善建筑围墙结构、增加室内热源排出系统从而降低空调负荷; (9)增加冷却水泵变频控制、冷却塔风机变频控制等优选制冷设备
3	大型实验仪器	(1)严格执行仪器管理规章制度; (2)科学合理安排仪器使用,避免无效运行; (3)提高操作人员技能培训; (4)采购国家认可的仪器及相关配件
4	教学、办公设备	(1)加强教学、办公设备管理,及时关闭不使用的设备; (2)采购可自动待机设备,节能的同时也可延长设备使用寿命
5	电梯	(1)根据人员乘坐高峰时间管理电梯运行时间,高峰期可以多部运行,低峰期可以数量减半运行或仅运行一部; (2)加强节能环保宣传,提倡多人共用一部电梯以减少电耗; (3)改进机械传动和电力拖动系统; (4)采用电能回馈器将制动电能再生利用
6	宿舍用水	(1)加强节水宣传,对学生环保意识进行培养; (2)更换节水水龙头,减少水资源浪费; (3)使用半自动洗衣机
7	洗浴用水	(1)定期开展节水宣传活动,在重点用水部位设置醒目节水宣传标语; (2)加大洗浴节水设备改造,引入刷卡取水、阳光浴室等技术措施; (3)使用感应开关自动控制水流从而节约用水; (4)做好管道和设备的保温,减少热损失和管头的冷水浪费损失
8	实验室用水	(1)严格规范实验器皿的洗涤程序; (2)科学安排实验,避免无效用水; (3)加强实验人员节水意识教育,严格操作规程; (4)粘贴提示标签,提醒节约用水; (5)冷凝水与真空用水进行单独回收
9	厕所冲洗水	(1)扩大中水回用范围,增加水资源循环利用; (2)定时进行服务设施维修,减少跑、冒、漏造成的水资源浪费现象
10	绿化用水	(1)建立雨水收集回用系统; (2)建立中水回用系统; (3)使用雨水或中水作为绿化用水; (4)采用喷灌、滴灌等技术

续表

序号	部位和过程	清洁生产方案
11	锅炉房	(1)做好管道和设备密封性定时检查; (2)合理控制出水温度和出水时间,减少燃料使用和热损失; (3)改进燃料设备,提高热转化效率; (4)定时清洗锅炉水垢,减少燃料浪费; (5)改造锅炉炉膛,提高产热量,降低天然气消耗; (6)改变锅炉给水泵的不合理设置; (7)定期检修管道,防止水资源流失; (8)对员工进行岗位技术培训,提高职工的业务素质和解决问题的能力,规范操作; (9)加强现场管理,完善操作规程; (10)完善考核机制,加强纪律检查,提高责任心; (11)加强设备维修保养,在规定的设备维修期间,即使设备未发生故障,也要维修保养; (12)提高设备利用率; (13)加强采暖锅炉数字化控制,提高燃烧效率,延长锅炉使用寿命; (14)按照节能标准对供热管道进行保温,并定期检查; (15)加强管网系统调节能力,增加平衡阀和平衡阀智能调节仪表,改善系统调节能力; (16)严格规范操作,减少设备空运行造成的资源浪费; (17)落实岗位责任制
12	实验废水、废物;危险废物	(1)加强实验人员安全操作意识,严格执行实验室废物收集管理制度; (2)减少有毒有害实验材料的使用,或使用无害实验材料替代; (3)危废处理流程严格执行产业政策要求,定期核查转移联单
13	实验室废气	(1)安装气体收集、处理、排放系统; (2)针对危害性气体产生的实验设置专门的隔离实验区,并安装气体收集处理装置
14	学校餐厅	(1)采用容器洗涤,避免长流水,节约水资源; (2)使用利于环境的洗涤剂、消毒剂; (3)使用清洁燃料; (4)用餐时,服务员提醒按需点餐,减少浪费; (5)具备条件的采用餐厨垃圾就地处理措施; (6)安装油烟净化装置,确保油烟达标排放

4.6 实施方案确定阶段的技术要求

4.6.1 目的与要求

方案确定阶段需要按技术评估→环境评估→经济评估的顺序对方案进行分析,技术评估不可行的方案,不必进行环境评估;环境评估不可行的方案,方案不可行,不必进行经济评估。技术评估应侧重于方案的先进性和适用性。环境评估应侧重于方案实施后可能对环境造成的不利影响(如污染物排放量增加、能源资源消耗量增加等)。经济评估应侧重于清洁生产经济效益的统计,包括直接效益和间接效益。

4.6.2 工作内容

市场调查需要进行市场需求调查和预测,确定备选方案和技术途径。

技术评估要求分析:工艺路线、技术设备的先进性和适用性;国家、行业相关政策的符合性;技术的成熟性、安全性和可靠性。

环境评估需要分析:能源结构和消耗量的变化;水资源消耗量的变化;原辅材料有毒有害物质含量变化;废物产生量、排放量和毒性的变化,废物资源化利用变化情况;一次性消耗品减量化情况;操作环境是否对人体健康造成影响。

经济评估需要采用现金流量分析和财务动态获利性分析方法,评价指标应包括但不限于投资偿还期、净现值、净现值率、内部收益率。

可实施方案推荐应当汇总比较各投资方案的技术、环境、经济评估结果,确定最佳可行的推荐方案。

4.7 清洁生产方案实施阶段的技术要求

4.7.1 目的及要求

清洁生产方案的实施程序与一般项目的实施程序相同,参照国家、地方或部门的有关规定执行。总结方案实施效果时,应比较实施前与实施后,预期和实际取得的效果。总结方案实施对高等院校的影响时,应比较实施前后各种有关单耗指标和排放指标的变化。

4.7.2 工作内容

清洁生产方案实施阶段的工作内容包括以下几点。

① 组织方案实施。

② 汇总已实施的无/低费方案成果。

③ 通过技术评估、环境评估、经济评估和综合评估，评估已实施的中/高费方案成果。

④ 通过汇总环境效益和经济效益，对比各项清洁生产目标的完成情况，评价清洁生产成果，分析总结已实施方案对学校的整体影响。

4.8 持续清洁生产阶段的技术要求

4.8.1 目的及要求

持续清洁生产阶段的主要目的是在学校内完善清洁生产管理体系，及时将审核成果纳入有关教学管理规章、技术规范和其他日常管理制度，巩固成效，持续推进。

4.8.2 工作内容

（1）健全完善清洁生产组织和管理制度

建立和完善清洁生产组织，明确职责，落实任务，并确定专人负责。建立和完善清洁生产管理制度，应当把审核方法纳入高等院校的日常管理中；建立和完善清洁生产激励机制；建立合理化建议机制，保证稳定的清洁生产资金来源。可以考虑从高等院校内部、金融机构、政府财政等方面申请获取资金。

（2）制订持续清洁生产计划

制订持续清洁生产计划，包括下一轮清洁生产审核工作计划、清洁生产方案的实施计划、清洁生产新技术的研究与开发计划（可包括但不限于中央空调节能技术、绿色照明技术、机电设备变频技术、智能化能源管理技术、中水回用技术、厨余垃圾资源化利用技术、餐饮废水治理技术、油烟净化技术等）、清洁生产培训计划。

（3）持续开展清洁生产宣传、培训

采取有效的宣传、培训手段，在学校全体师生和教职员工中推广普及清洁生产知识和方法，提高清洁生产意识。

(4) 编制清洁生产审核报告

编制清洁生产审核报告的目的在于总结本轮清洁生产审核成果，汇总分析各项调查、实测结果，寻找废物产生、资源能源消耗的原因和清洁生产机会，实施并评估清洁生产方案，建立和完善持续推行清洁生产的机制。报告编制在本轮审核全部完成之时进行。

4.9 清洁生产审核工作清单

根据高等院校的行业特点，从影响院校运营的 8 个方面给出了设计示例，为高等院校行业开展清洁生产审核检查清单的编写提供示范。表 4-3 为高等院校清洁生产审核的检查清单。检查清单应从原辅料和能源、技术工艺、设备、过程控制、服务、污染物、管理、员工等方面进行设计。

表 4-3　高等院校清洁生产审核的检查清单

区域	项目	检查结果
教学区	1. 是否建立节约型校园建设管理机构	
	2. 是否建立校园设施运行监管制度	
	3. 是否采用绿色采购制度	
	4. 日常能源使用是否进行定期检查	
	5. 能耗人均使用量是否逐年降低	
	6. 能源使用量是否按照该单位能耗功率进行相关核算比较	
	7. 是否使用有关部门推荐使用的节能环保设备	
	8. 是否安装了节能灯具	
	9. 是否进行过能源方面的审计核查	
	10. 在过去一年里是否进行节水的专项活动	
	11. 用水是否按照不同区域、用途安装计量设备	
	12. 供水设备和用水过程是否进行定期检查以防泄漏	
	13. 是否鼓励在校（院）人员节水	
	14. 是否对各区域、各环节的能源资源消耗进行细化分析管理	
	15. 是否具有健全的设备保养、维护制度	
	16. 是否进行全院校范围的清洁生产宣讲活动	
	17. 是否进行过相关清洁生产审核项目	

续表

区域	项目	检查结果
生活区	18. 如单位有游泳池、水池、洗衣房,是否严格按照节水管理操作	
	19. 公共浴室是否安装智能节水控制器	
	20. 是否建立中水回用系统及铺设相应管道	
	21. 是否建立雨水收集系统作为绿化辅助系统	
	22. 所使用资源种类是否符合国家绿色资源推广使用要求	
	23. 是否有垃圾处理系统对固体废物进行分类处理	
	24. 是否餐厨垃圾就地资源化处理	
实验区	25. 实验室是否建立实验废水、固废收集登记管理及危险物回收处理系统	
	26. 实验室仪器使用情况及是否按照要求进行使用登记管理	

参考文献

[1] 周金泉,殷星兰. 浅谈企业清洁生产与环境保护 [J]. 大众科技,2005 (8):149-151.

[2] 康慧萍. 清洁生产是实现可持续发展的基础 [J]. 山西能源与节能,2006 (1):22-23.

[3] 刘小冲,杨勇,金文. 论如何推进清洁生产与可持续发展 [J]. 西安航空技术高等专科学校学报,2006,24 (1):40-42.

[4] 孙大光,杨旭海. 企业持续清洁生产的保障措施 [J]. 江苏环境科技,2004,17 (2):46-48.

[5] 田野. 企业清洁生产应把握的关键环节 [J]. 环境科学与技术,2005,28:84-86.

[6] 叶新,李汉平. 保障清洁生产审核取得成效的基本规范探讨 [J]. 环境污染与防治,2010,32 (2):106-109.

[7] 李庆华,尚艳红. 清洁生产审核中绩效评价方法的探讨 [J]. 环境科学与管理,2007,32 (8):192-194.

[8] 刘玫. 企业清洁生产审核的标准化探讨 [J]. 环境与可持续发展,2009,34 (4):1-3.

[9] 张继伟,李多松. 清洁生产审核中方案的经济可行性评估解析 [J]. 中国石油大学学报 (社会科学版),2008,24 (4):28-31.

[10] 环境保护部清洁生产中心. 清洁生产审核手册 [M]. 北京:中国环境出版社,2015:10,30.

第 5 章 高等院校评价指标体系及评价方法

5.1 指标体系概述

北京市于 2015 年颁布实施了《清洁生产评价指标体系 高等院校》(DB11/T 1264—2015)，其他地方无相关清洁生产评价指标体系。

《清洁生产评价指标体系 高等院校》(DB11/T 1264—2015) 规定了北京地区高等院校清洁生产评价指标体系、评价方法、指标解释与数据来源。校区内作为独立商业运营机构的包括宾馆、饭店、洗衣房、游泳池等服务场所不纳入审核范围；非独立的商业运营机构的评价标准参照相应类型的清洁生产指标体系执行。

北京地区高等院校以外的其他学校的清洁生产审核工作可参照本标准执行。

5.2 指标体系技术内容

5.2.1 标准框架

《清洁生产评价指标体系 高等院校》(DB11/T 1264—2015) 的制定参照了《清洁生产评价指标体系编制通则》(试行稿)(2013 年第 33 号公告)，其主要框架包括前言、范围、规范性引用文件、术语和定义、评价指标体系、评价方法、指标计算方法与数据来源、参考文献 8 个方面内容。

表 5-1　清洁生产评价指标体系

序号	一级指标	一级指标权重	二级指标	单位	二级指标权重	Ⅰ级基准值	Ⅱ级基准值	Ⅲ级基准值
1	装备指标	17	节水器具	—	2	100	[80,100]	[60,80]
			浴室节水系统	—	2	安装智能化节水管理系统,将洗浴用水与使用费用挂钩	全面采用节水器具,符合CJ 164要求,安装率达100%	
			照明节能	—	2	全面采用节能照明技术的器具,安装率达100%	采用节能照明技术的器具,安装率达50%	
			供暖节能	—	2	供暖系统根据实际情况至少采取下列中一项技术:锅炉及热交换站计算机自动化控制与辅机变频、平衡阀及管道保温年度维护及记录,平衡阀调节和计量装置等供暖节能技术和设备	热力入口处加装热量调节和计量装置	
			节能监管系统	—	2	学校建立节能监测系统		
			计量系统	—	3	具有完善健全的能源、水计量系统,能源、水计量器具配备情况分别符合GB 17167和GB/T 12452的规定;有完善的计量台账		
			废气排放前处理装置①	—	2	全面安装废气排放前处理装置,并保证装置的有效运行,废气参照DB11/501达标后排放		
			再生水回用系统	—	2	全面建立再生水回用设备系统,并保证全校区内再生水正常使用		

第5章 高等院校评价指标体系及评价方法

续表

序号	一级指标	一级指标权重	二级指标		单位	二级指标权重	Ⅰ级基准值 100	Ⅱ级基准值 [80,100]	Ⅲ级基准值 [60,80]
2	资源与能源消耗指标	26	生均用电量① ②	一类用能单位	kW·h /(人·a)	4	≤1350	≤1800	≤1890
				二类用能单位		4	≤1170	≤1620	≤1710
				三类用能单位		2	≤990	≤1350	≤1440
			生均新鲜水消耗量		t/(人·a)	4	≤18.0	≤26.5	≤49.7
			非采暖天然气生均消耗量①		m³/(人·a)	2	≤50.9	≤64.8	≤72.8
			采暖天然气单位面积消耗量①		m³/(m²·a)	2	≤7.2	≤9.9	≤10.1
			外购热力采暖定额		GJ/(m²·a)	2	≤0.24	≤0.29	≤0.32
			生均综合能耗(按标煤计)		kg/(人·a)	3	≤250	≤350	≤550
			单位建筑面积综合能耗(按标煤计)		kg/(m²·a)	3	≤7	≤13.5	≤20
			生均实验室易耗品消耗量		万元/(人·a)	3	≤0.4	≤0.6	≤1.0
			生均教学易耗品消耗量		元/(人·a)	3	≤10	≤30	≤50
3	污染物产生指标	20	外排废水		—	4	外排废水执行 DB11/307 标准要求		
			外排废水 COD 浓度		mg/L	4	外排废水 COD 浓度执行 DB11/307 标准要求		
			餐厨垃圾产生量		t/(人·a)	4	≤0.05	≤0.10	≤0.15
			危险废物管理①		—	4	高等院校范围内废化学药品及试剂,废旧灯管等危险废物严格执行 GB 5085.7 和 GB 18597 的规定,放射源按照国家规定处理,生化类危废按国家规定处理		
			一般固体废物处理利用率		%	4	≥90	≥75	≥60
4	资源与能源综合利用指标	4	再生水回用率		%	4	≥35	≥20	≥10

续表

序号	一级指标	一级指标权重	二级指标	单位	二级指标权重	I级基准值 100	II级基准值 [80,100)	III级基准值 [60,80)
5	清洁生产管理指标	28	能源管理	—	3	供暖根据学校不同建筑,不同使用特点进行分时段供暖,夜间低温运行	指定能源管理责任人,建立或健全用能原始记录和统计台账及能耗计量,统计工作;定期检查维护	落实责任人负责,确定专人负责
				—	2	有健全的能源管理机构,管理制度,各成员职责分工明确,并有效发挥作用,要求建立有能源管理体系并有效运行;建立监控中心,制订有高校用能和节能发展规划	有健全的能源管理机构,管理制度,各成员职责分工明确,并有效发挥作用,按GB/T 23331要求建立有能源管理体系并有效运行	有健全的能源管理机构,管理单位及主管各成员职责分工明确,并有效发挥作用
				—	2	具有能源管理体系报告,每3年开展一次电平衡监测,评价合理用电情况	具有能源管理体系报告,每3年开展一次电平衡监测,评价合理用电情况	
				—	2	按照GB/T 12452规定,每2年进行一次水平衡测试	按照GB/T 12452规定,每2年进行一次水平衡测试	按照GB/T 12452规定,每5年进行一次水平衡测试
				—	2	固定设备登记造册,并定期开展设备检查,及时淘汰落后高耗能设备	建立固定设备管理制度	建立固定设备管理制度

第5章 高等院校评价指标体系及评价方法

续表

序号	一级指标	一级指标权重	二级指标	单位	二级指标权重	Ⅰ级基准值	Ⅱ级基准值 [80,100]	Ⅲ级基准值 [60,80]
5	清洁生产管理指标	28	资源管理	—	2	实验材料及易耗品使用专人负责,建立制度,严格落实消耗材料及消耗品的登记使用	实验室耗材使用落实专人负责,严格落实消耗材料及消耗品的登记使用	建立实验耗材使用登记制度
				—	2	办公用品及日常消耗品全面执行绿色采购制度	办公用品及日常消耗品全面执行绿色采购制度	初步落实日常消耗品绿色采购制度
				—	2	对实验废水进行集中处理	对实验废水进行集中处理,按照按时要求处理	建立实验废水集中收集处理设施
			环境管理	—	2	危险废弃物的处理,按照执行 GB 5085.7 规定。固体废物分类处理结合学校后勤管理的具体情况,建立行之有效的垃圾分类收集废弃处理制度及具体措施,并由专人负责	危险废弃物的处理,严格执行 GB 5085.7 和 GB 18597 的规定,结合学校后勤管理的具体情况,建立分类收集废弃处理制度及具体措施,并由专人负责	
				—	2	按照《电子废弃物污染环境防治管理办法》的规定,电子废物登记在册,按年度进行申报废设备的收集中,并交付有资质的单位进行处置	按照《电子废弃物污染环境防治管理办法》的规定,电子废物登记在册,按年度进行申报废设备的收集中和处理	按照《电子废弃物污染环境防治管理办法》的规定,电子废弃物的收集中处理

续表

序号	一级指标	一级指标权重	二级指标	二级指标权重	单位	I级基准值 100	II级基准值 [80,100]	III级基准值 [60,80]
5	清洁生产管理指标	28	环境管理	1	—	根据GB/T 24001建立环境管理体系,并取得认证,能有效运行;全部完成年度环境目标、指标和环境管理方案,并达到环境持续改进的要求	建立GB/T 24001建立环境管理目标、指标和环境管理方案,并有效运行	建有学校范围环
			环境管理	2		建立全校环境突发事件应急预案,并根据各区域特点制订详细的应急处理措施,由专门的部门负责检查落实,定期组织演习	建立全校环境突发事件应急预案,有详细的应急预案	建立学校范围环境事故应急预案
			组织机构及管理	1	—	建有专门负责清洁生产的领导机构及单位,各成员人员职责分明,有健全管理制度和奖励办法,执行情况检查记录,工作规划及年度工作计划,对规划及计划提出的目标,指标,清洁生产方案认真组织落实	建有专门负责清洁生产的领导机构及单位,各成员人员职责分明,有健全管理制度和奖励办法,有执行情况检查记录	建有专门负责清洁生产的领导机构及单位,各成员人员职责分工明确
			组织机构及管理	1	—	建立节水、照明、空调系统、采暖系统的绿色校园行为节能管理制度		建立学校范围的绿色校园行为节

第5章 高等院校评价指标体系及评价方法

续表

序号	一级指标	一级指标权重	二级指标	单位	二级指标权重	Ⅰ级基准值 100	Ⅱ级基准值 [80,100)	Ⅲ级基准值 [60,80)
6	服务特征指标	5	清洁生产认识普及程度	—	1	随机抽查≥30人次的人员,其中≥80%了解清洁生产相关内容	随机抽查≥30人次的人员,其中≥70%了解清洁生产相关内容	随机抽查≥30人次的人员,其中≥60%了解清洁生产相关内容
			清洁生产措施落实程度	%	2	≥90	≥80	≥70
			教学活动	—	1	高校公开课加入清洁生产及节能减排的课程内容		
			宣讲活动	—	1	每年开展全校清洁生产、节能减排宣讲活动,制订工作计划,定期开展户外宣传,开办系列讲座	制订工作计划,定期开展户外宣传活动	初步制订工作计划

① 限定性指标。
② 根据高等院校的学科分类、结合不同学科高等院校的用能特点,将北京市高等院校分为三类用能单位,即一类用能单位(含综合、理工及具有类似用能特点的高等院校)、二类用能单位(含文史、财经、师范、政法及具有类似用能特点的高等院校)和三类用能单位(含专业院校、高职及具有类似用能特点的高等院校)。

5.2.2 技术内容

《清洁生产评价指标体系 高等院校》(DB11/T 1264—2015)的主要内容如表 5-1 所列。

5.3 指标体系技术依据

5.3.1 装备指标技术依据

(1) 节水器具

节水器是在现有普通水龙头的基础上通过技术革新达到节水目的的一种节水装置：一种是分流节水控制用水量；另一种是通过感应式的装置控制水的用量达到节水的目的。节水器与普通水龙头的功能一样，兼具省水、维持水流通的功能。

节水器主流可分为机械式节水器（如恒流节水器、水龙头节水器、淋浴节水器、延时自闭水龙头等）和感应式节水器（如感应水龙头、槽式节水器、IC 卡节水器等）两大类。水龙头节水器的基本工作原理是：由阀芯内的止水塞和浮动式活塞及弹簧等组成自动检测装置，当供水压力增加时，压缩内弹簧，活塞带动止水塞向上运动，使过水通道有效供水面积减小，输出水流减少；当供水压力减少时，内弹簧复位，使活塞带动止水塞向反方向运动，使过水通道有效供水面积增大，输出水流增加，这样往复地自动调节，使止水塞可以随进水压力的大小变化而上下浮动来保持出水流量的相对稳定，达到恒流的目的。

(2) 浴室节水系统

IC 卡智能节水技术目前正在全国各地的高等院校推广。据统计，自采用该技术后，学生洗澡、打开水都按时间或者用水量收费，节水量达到 50%～60%。同时，节省燃料，降低了费用成本，收到了明显的经济效益和社会效益。

(3) 照明节能

提倡照明节能，在保证不降低工作场所视觉要求的条件下力求减少照明系统中的能量损失,更有效地利用电能。以单位照度及单位面积所需用电量(W/m^2)作为照明节能指标,力求提高照度而降低用电量。照明节能的办法主要包括以下几种。

① 选择优质的电光源。科学地选用电光源是照明节电的首要工作。节能的电光源发光效率要高,使每瓦电(W)发出更多光通量(lm)。白炽灯泡的发光效率一般为7~20lm/W,其寿命一般为1000h,特殊的为2000h;单端的紧凑型荧光灯(俗称节能灯),其光通量一般为50lm/W,采用一只9W、寿命为3000~5000h的节能灯可以替代40W的白炽灯泡;双端直管荧光灯T12型的光通量为55lm/W,寿命为3000~5000h,而现在的T5型则达到90~110lm/W,寿命可达8000~10000h。所以,T12、T10甚至T8型的荧光灯都应该被淘汰,不但可以节约大约50%的电能,而且可以改善灯光的显色性。LED节能灯是继紧凑型荧光灯(即普通节能灯)后的新一代照明光源,LED节能灯的特点是成本低、光效高、发光面积大、无眩光、无重影。以相同亮度比较,3W的LED节能灯333h耗1kW·h电,而普通60W白炽灯17h耗1kW·h电,普通5W节能灯200h耗1kW·h电。除以上光源外,还有高强气体放电灯,如高压钠灯、金属卤化物灯、微波硫灯、无极灯、发光二极管和半导体照明灯等。现在还在应用落后的费电的灯的场所,应尽快实行照明工程节能改造。在选择发光较高的光源时要考虑应用场所,根据场所的特点和电光源的特性进行合理的、科学的照明改造。

② 选择节电的照明电器配件。在各种气体放电光源中均需要有电器配件。例如镇流器,旧的T12荧光灯其电感镇流器要消耗20%的电能,40W的灯,其镇流器耗电约8W;而节能的电感镇流器则耗电小于10%,更节能的电子镇流器则只耗电2%~3%。

③ 安装照明系统节电器。目前,国内外都大力推广照明节电器,即在现在的照明系统上加装节电控制设备。国内市场上的照明节能设备很多,其中照明控制节电装置所占比例最大。从工作原理上大致可分为可控硅斩波型照明节能装置、自耦降压式节电装置、智能照明调控器三类。

(4) 供暖节能

加强采暖锅炉计算机自动化控制与辅机变频技术。提高燃烧效率、增加热量回收；加强锅炉的除氧和水处理及防腐阻垢等措施，延长锅炉使用寿命；按节能标准要求对供热管道进行保温，避免供热系统存在的跑、冒、滴、漏现象；改善管网输配性能。另外，做好管网系统水力平衡调试，通过调节消除热网水力失调。避免"大流量、小温差"等不经济运行状况；加强管网系统的调节能力。对于既有建筑，有条件的可采用平衡阀及平衡阀智能仪表取代调节性能差的闸阀或截止阀，建筑的热力入口处加装热量调节和计量装置，改善系统调节能力，强化节能运行。

(5) 节能监控监管平台系统

《高等学校校园建筑节能监管系统建设技术导则》（建科〔2009〕163号）规定了高等院校校园节能监管系统的建设内容及技术性能要求，适用于指导我国高等院校校园建筑设施能源利用及管理系统的建设。指导我国高等院校校园建筑设施能耗和水耗监测及管理系统建设，主要针对校园中电耗、燃料消耗、热量消耗、冷量消耗及水资源消耗数据的采集、传输、分析管理系统。导则限于校园内部节能管理用途，不适用于任何用于贸易结算和对外部计费的能源资源计量系统。

(6) 废气排放前处理装置

高等院校废气处理指的是针对高等院校范围内的实验室、浴室、锅炉、食堂等场所产生的废气在对外排放前进行预处理，以达到国家和地方废气对外排放标准的工作。一般废气处理包括有机废气处理、粉尘废气处理、酸碱废气处理、异味废气处理和空气杀菌消毒净化等方面。

(7) 再生水回用系统

随着高等院校扩招及学生规模的不断增大，校园用水量和排污量也快速增长，建立再生水回用系统有利于缓解水资源紧张现状，减少污水排放量，减轻环境压力。

再生水回用系统要充分考虑占地及再生水处理系统的水源采用。学校生活区相对集中，生活用水主要是宿舍盥洗水、洗涤废水，且污水排放系统集中，便于收集。学校面积相对较大，便于寻求合适的区域安装再生水处理系统，合理的管线及处理系统保证了出水水质符合《城市污水再生利用 城市杂用水水质》（GB/T 18920）的指标要求。

5.3.2 资源能源利用指标技术依据

5.3.2.1 电力消耗

由于高等院校耗电量基数较大，各种耗电设备较分散，耗电主要在于以下几点。

（1）照明用电

学校建筑物较多，人员多且分布区域广，日常教学及学生自习区域需要充足的照明设施，日常教学、办公室需要一系列的常用办公设备，如电脑、打印机、传真机、投影仪等，这些设备学校的保有量较大，使用频率高，科学的管理措施及合理的使用可以从避免无用浪费的角度降低用电量。此外，通过更换 LED 灯具等节能灯具也可以在一定程度上减少电耗。

（2）实验设备电耗

高等院校设备较多（包括艺术类院校的舞台照明等），特别是实验设备，使用频率较高，机器功率往往较大，因此要制订科学、合理的实验室设备使用章程，并及时对设备使用人员进行专业操作培训，从而减少设备的无用功消耗。另外，在设备维修及更换时要坚持绿色采购原则，采购国家推荐目录中的节能设备。

（3）电梯电耗

现在北京市高楼较多，98%的建筑都安装有电梯，而高等院校由于人员流动大，电梯运行次数相对也较多，针对这一特点，可以设置电梯分组分层停靠，从而保证电梯的高效运行。

（4）空调电耗

北京市属于华北地区，夏季相对比较炎热，为保证正常的教学秩序，空调是必不可少的制冷设备，而空调资源的不科学利用直接导致大量电能的浪费。针对这些问题，要制订科学的空调使用方法：规定空调的使用时间，只允许在炎热季节使用空调制冷，并设定最低标准温度，从而防止无节制使用造成的电力浪费。

（5）单位面积年电耗和年人均电耗

高等院校设备种类比较多，各种专业设备需求量大，且设备使用频率比较高,各种照明及大量实验设备的使用都要消耗电能。如某综合性大学,学科设置较多,理工科实验室需要各种用途的测定设备以完成教学和科研任务;而文科专业,如音乐学院,经常需要霓光灯、镁光灯等灯光设备及一系列的音响设备进行日常教学和表演。而电影学院和音乐学院虽然没有专门的实验区,但由于学科特点,其教学区经常使用大功率照明设备和音响设备,这都属于耗电的重点环节。参考《高等学校能源消耗限额》(DB11/T 1267),根据高等院校的学科分类,结合不同学科高等院校的用能特点,将北京市高等院校分为三类用能单位:一类用能单位为综合、理工及具有类似用能特点的高等院校;二类用能单位为文史、财经、师范、政法及具有类似用能特点的高等院校;三类用能单位为专业院校、高职及具有类似用能特点的高等院校。

5.3.2.2 新鲜水消耗

(1) 年总水耗

高等院校水耗包括教学实验用水、生活区用水、没用采用再生水回用的绿化用水和卫生间冲洗水,各个学校的年耗水量差别比较大,这与学校的规模、人数及其再生水使用率有直接关系。

(2) 年人均水耗

《公共生活取水定额 第2部分:学校》(DB11/554.2)中的规定见表5-2。

表5-2 学校单位人数取水定额值

学校类别	取水定额值/[m^3/(人·a)]
普通高等院校	50.5

《公共生活取水定额 第2部分:学校》(DB11/554.2)以及符合清洁生产的高等院校按较少用水量20%的标准计算,并结合调研数据,《清洁生产评价指标体系 高等院校》规定,生均新鲜水消耗为:Ⅰ级基准值为$18m^3$/(人·a),Ⅱ级基准值为$26.5m^3$/(人·a),Ⅲ级基准值为$49.7m^3$/(人·a)。

5.3.2.3 非采暖天然气人均消耗量

《高等学校能源消耗限额》(DB11/T 1267)中的规定见表5-3。

表 5-3　高等院校非供暖用天然气限额　　　单位：m^3/（人·a）

名称	限定值	准入值	先进值
非供暖用天然气限额	80.9	72.0	56.6

结合调研数据，《清洁生产评价指标体系 高等院校》规定，非采暖天然气人均消耗量：Ⅰ级基准值为 50.9m^3/（人·a），Ⅱ级基准值为 64.8m^3/（人·a），Ⅲ级基准值为 72.8m^3/（人·a）。

（1）采暖天然气单位面积消耗量

《高等学校能源消耗限额》（DB11/T 1267）中的规定见表 5-4。

表 5-4　高等院校供暖用天然气限额　　　单位：m^3/（m^2·a）

名称	限定值	准入值	先进值
供暖用天然气限额	11.2	10.1	8.0

结合调研数据，《清洁生产评价指标体系 高等院校》规定，采暖天然气单位面积消耗量：Ⅰ级基准值为 7.2m^3/（人·a），Ⅱ级基准值为 9.9m^3/（人·a），Ⅲ级基准值为 10.1m^3/（人·a）。

（2）外购热力采暖用热定额

《高等学校能源消耗限额》（DB11/T 1267）中的规定见表 5-5。

表 5-5　高等院校供暖用市政热力限额　　　单位：GJ/（m^2·a）

名称	限定值	准入值	先进值
供暖用市政热力限额	0.36	0.32	0.26

结合调研数据，《清洁生产评价指标体系 高等院校》规定，外购热力采暖用热定额：Ⅰ级基准值为 0.24GJ/（m^2·a），Ⅱ级基准值为 0.29GJ/（m^2·a），Ⅲ级基准值为 0.32GJ/（m^2·a）。

5.3.2.4　实验室易耗品消耗

实验室易耗品主要是玻璃仪器、常用化学试剂、有机试剂以及其他专业实验相关材料。

5.3.2.5 教学易耗品消耗

高等院校的教学易耗品主要是纸张、粉笔、黑板擦等。大部分学校采用学校定额采购必需品，如打印纸、粉笔等，而部门所需耗材则由各部门自行采购。

结合调研数据综合考虑，《清洁生产评价指标体系 高等院校》规定，教学易耗品消耗：Ⅰ级基准值为10元/(人·a)，Ⅱ级基准值为30元/(人·a)，Ⅲ级基准值为50元/(人·a)。

5.3.3 污染物产生指标技术依据

对高等院校不同区域产生污染物的主要组成及处理方式进行归类比较，通过比较发现，学校不同区域产生的污染物类别不同，要采用不同的处理方式进行分类收集和处理，有毒有害物质、放射性材料、医疗垃圾等要根据国家规定处理（表5-6）。

表5-6 各区域污染物的主要组成与处理

区域	主要污染	主要组成及处理
教学区	固废	纸张、包装盒、电子废物等(可回收资源)
教学区	废水	卫生间冲洗产生废水(采用中水代替)
生活区	固废	包装袋、废纸、电子废物等生活垃圾(分类整理后分别处理)；食堂厨余垃圾(统一回收后，由有资质的公司清运、处理)
生活区	废气	锅炉废气(脱硫脱硝处理、水膜除尘)；食堂产生的烟气排放(净化器处理达标后排放)
生活区	废水	厨余废水、生活废水和卫生间冲洗废水(处理后排放，进行节约用水宣传；冲洗水采用中水代替)
实验区	废水	实验废液和一般废水(实验废液集中储存处理)
实验区	废气	实验产生废气(安装废气过滤处理装置)
实验区	固废	化学实验废物(分类收集、规范存放,由有资质的公司清运、处理)
实验区	固废	生物实验废物(根据国家相关规定处理)
实验区	固废	放射性废弃物(根据国家相关规定处理)
实验区	固废	医疗废物(根据国家相关规定处理)
实验区	固废	电子垃圾、机械类实验室产生的粉尘等(分类收集、规范存放，由有资质的公司清运、处理)

调研发现，高等院校教学区固体废物产生量很少；废水主要是卫生间冲洗水，年产生量为3万～20万吨，水平差异比较大，这与高等院校规模和在校师

生人数有直接关系。教学区的固废主要组成为废纸、包装盒等可回收资源，后勤人员根据组成分类后，不可回收部分成为固废，在减少垃圾产生量的同时达到资源分类回收的目的。实验区一般固废产生量也较小，为10~100t/a，而专业性的危险固废和其他废物的产生因学校学科性质不同而不同，各个院校基本上能够按照实验室危险废物相关管理规定进行收集和处理。实验区废水年产生量为200~30000t不等，这是与学校实验室学科类型紧密相关的，如，理科类化学学科实验室耗水量相对较大，而理科类物理实验室就产生相对较少的废水或无废水产生。生活区是学校一般固废和废水产生的重点区域，但各个学校的统计存在较大差别，这主要是因为生活区固废含有大量饮料瓶、包装盒等可回收资源，因此针对这一特征进行垃圾分类收集，从而有效回收可回收资源，而剩下的主要是生活垃圾，其产生量与生活区师生人数密切相关。

(1) 外排废水

外排废水执行北京市《水污染物综合排放标准》(DB11/307) 的要求，污染物必须达标排放入管网。

(2) 外排废水 COD 浓度

学校面积较大，生活区建筑物相对集中，由于人员众多，生活用水消耗量较大，水资源消耗是清洁生产审核关注的重点，而学校产生的废水以生活污水为主，主要控制指标为化学需氧量（COD）。因此，在清洁生产标准中应加强对 COD 的管控要求。

北京市《水污染物综合排放标准》(DB11/307) 中的规定见表 5-7。

表 5-7 排入公共污水处理系统的污水排放 COD 限值

污染物名称	排放限值/(mg/L)
COD_{Cr}	500

《清洁生产评价指标体系 高等院校》规定，外排废水 COD 浓度执行 DB11/307 标准的要求。

(3) 餐厨垃圾产生量

校区内作为独立商业运营机构的饭店参考《清洁生产评价指标体系 住宿餐饮业》（DB11/T 1260）中餐饮业一般餐厅的标准执行。

通过对北京市餐饮服务业、高等院校和居民家庭餐厨垃圾产生量的调查，力求为北京市餐厨垃圾的总量预测、处理及再生利用提供参考数据。调查以问卷、现场跟踪及实际称重的形式进行。调查结果显示：餐饮业、高等院校学生食堂和居民家庭人均餐厨垃圾产量分别为0.40kg/(人·次)、0.45kg/(人·d)和0.49kg/(人·d)；餐饮业和高等院校学生食堂的餐厨垃圾以餐后垃圾为主，人均餐后垃圾量分别占餐厨垃圾总量的72.5%和80%，而居民家庭人均餐后垃圾量仅占餐厨垃圾总量的14.74%；小区居民夏季、春秋季节和冬季的人均餐厨垃圾产量分别为0.63kg/(人·d)、0.46kg/(人·d)和0.38kg/(人·d)，差别较大。

高等院校食堂餐厨垃圾产生量数据见表5-8。

表5-8 高等院校食堂餐厨垃圾产生量数据

餐厅名称	日就餐人数/人	每日餐前垃圾产量/kg	人均餐前垃圾量/[kg/(人·d)]	每日餐后垃圾产量/kg	人均餐后垃圾量/[kg/(人·d)]	人均餐厨垃圾总量/[kg/(人·d)]
大学A						
食堂一层	7030	221.13	0.09	751.5	0.32	0.41
食堂二层	4000	147.42	0.21	378	0.3	0.42
大学B						
第一餐厅	450	24.57	0.16	220.5	1.47	1.63
第二食堂	2000	73.71	0.11	252	0.38	0.49
清真食堂	550	98.28	0.54	176.4	0.96	1.5
第三食堂	1500	49.14	0.1	252	0.5	0.6
第四食堂	9000	368.55	0.12	630	0.21	0.33
第五食堂	1600	98.28	0.18	346.5	0.65	0.83
宴苑	12000	393.12	0.1	945	0.24	0.34
大学C						
观晴园	7000	109.2	0.05	800	0.34	0.39
清芬园	6500	218.4	0.1	600	0.28	0.38
丁香园	5000	156	0.09	520	0.31	0.4
闻馨园（一层）	1000	62.4	0.19	240	0.72	0.91
紫荆园	10000	156	0.05	1400	0.42	0.47
桃李园（一层、二层）	11000	249.6	0.07	1600	0.44	0.51
听涛园	3200	99.84	0.09	600	0.56	0.65
三校平均值		—	0.09	—	0.36	0.45

注：根据每日餐前（后）垃圾产生量和日就餐总人日，得出每日餐前（后）垃圾产生量，按照每人每日就餐3次考虑，计算出每人每日餐前（后）垃圾产生量和人均产生量。

由表 5-8 中数据可知，餐厨垃圾产生量范围为 0.33～1.63kg/(人·d)，即 0.099～0.495t/(人·a)（按 300d 在校时间计算）。

北京高等院校人均餐厨垃圾总量的平均值为 0.45kg/(人·d)，即 0.135t/(人·a)（按 300d 在校时间计算）。

按照高等院校的具体情况，《清洁生产评价指标体系 高等院校》（DB11/T 1264）规定：Ⅰ级基准值为 0.05t/(人·a)，Ⅱ级基准值为 0.10t/(人·a)，Ⅲ级基准值为 0.15t/(人·a)。

(4) 危险废物管理

高等院校的各专业特殊废物主要包括：

① 化学类学科所排放的各种废物中含有多种重金属、有毒气体、有机或无机溶剂、强酸或强碱溶液、不可降解材料等高危的成分；

② 生物类学科排放的各种废物中则含有多种分子生物学试剂、生物细菌毒素等；

③ 物理类学科排放的各种废物中则含有放射性元素等；

④ 电子或机械类学科排放的各种废物中则含有多种可回收金属元素等；

⑤ 医药类学科，特别是医科院校的解剖实验室中使用福尔马林及其他医药试剂，导致其废水、废气、固废中含有福尔马林及其他医药试剂的成分等。

高等院校范围内危险废物按照《危险废物鉴别标准》（GB 5085.7）对具有巨大危害性的危险废物进行识别分类，并按照《危险废物贮存污染控制标准》（GB 18597）的相关规定妥善储存和交由有资质的企业进行彻底处理。

《清洁生产评价指标体系 高等院校》规定：高等院校范围内废化学药品及试剂、废旧灯管等危险废物，严格执行《危险废物鉴别标准》（GB 5085.7）和《危险废物贮存污染控制标准》（GB 18597）的规定。放射源按国家规定处理，生化类危废按国家规定处理。

(5) 一般固体废物处理率

高等院校一般固体废物指在高等院校范围工程施工、生活中产生的固体废物，包括：a. 不可回收的固体废物，主要有建筑垃圾、食堂产生的食物垃圾及生活垃圾等；b. 可回收利用的一般固体废物，指在教学、办公活动中产生的可回收的固体废物，主要有设备维修产生的金属零件、废纸箱、废木箱、玻璃瓶罐、废塑料、废纸等。

固体废物处置率是指高等院校当年处置及综合利用的固体废物量（包括处置利用往年量）之和占当年产生的固体废物量总和（包括处置利用往年量）的百分比。

固体废物处置利用率＝［当年处置量＋综合利用量（包括处置利用往年量）］÷当年产生量总和

《清洁生产评价指标体系 高等院校》规定：Ⅰ级基准值≥90％，Ⅱ级基准值≥75％，Ⅲ级基准值≥60％。

5.3.4 资源与能源综合利用指标技术依据

再生水回用中"再生水"一词是相对于上水（给水）、下水（排水）而言的。再生水回用技术是指将生活废（污）水（沐浴、盥洗、洗衣、厨房、厕所等排水）集中处理后，达到一定的标准回用于绿化浇灌、车辆冲洗、道路冲洗、坐便器冲洗等，从而达到节约用水的目的。学校生活区的集中建筑格局及生活废水的较轻污染情况完全符合再生水回用的现实条件。学校生活区污水的污染程度一般较轻，主要是洗涤剂和轻度有机污染，这些水可以集中处理，处理后用于绿化、洗车、冲厕等对水质要求不高的场所。

《清洁生产评价指标体系 高等院校》规定：Ⅰ级基准值≥35％，Ⅱ级基准值≥20％，Ⅲ级基准值≥10％。

5.3.5 清洁生产管理指标技术依据

（1）能源管理

根据学校不同建筑、不同使用特点实行分时段供暖方案，夜间低温运行；供暖系统宜根据室外气象条件变化进行调节，确保按需供暖；逐步推行供热按热量计费管理方式。

学校的能源消耗情况较复杂，以电能消耗为例，其组成包括照明用电、大型设备消耗、办公设备消耗等多个环节。目前，许多学校的大部分建筑物仅安装总电表，不利于按建筑种类、按用电设备类别进行能耗分类统计，从而难以进行分类及详细分析。

建议在学校设立能源管理岗位，聘任的能源管理人员应具备以下条件：熟悉国家有关节能法律、法规、方针、政策，具有能效管理专业知识、三年以上实际工作经验和工程师以上（含工程师）职称。能源管理人员负责对本校的能源利用状况进行监督检查。此外,建立能源管理文件、报表、记录和管理台账;建立和完善能源管理;建立和完善建筑节能技术;建立和完善建筑能耗记录;建立和完善健全的能源计量系统,能源计量器具配备情况符合《用能单位能源计量器具配备和管理通则》(GB 17167)的有关规定;有完善的计量台账;按《高耗能落后机电设备(产品)淘汰目录》淘汰落后的高耗能设备。

《清洁生产评价指标体系 高等院校》规定:

① 根据学校不同建筑、不同使用特点进行分时段供暖,夜间低温运行。

② 指定实验室负责人或项目负责人为能源管理责任人,督促建立或健全用能原始记录和统计台账及能耗计量、统计工作;定期检查维护。

③ 有健全的能源管理机构、管理制度,各成员单位及主管人员职责分工明确,并有效发挥作用;按《能源管理体系要求》(GB/T 23331)建立能源管理体系并有效运行;建立能源管理控制中心,制订学校用能和节能发展规划。

④ 具有能源管理体系报告,每3年开展一次电平衡监测,评价合理用电情况。

⑤ 固定设备登记造册,并定期开展设备检查,及时淘汰落后的高耗能设备。

(2) 资源管理

高等院校日常消耗的资源品种多、数量大,在高等院校的日常管理中要加强学校物品购置、使用和管理工作,提高物品使用效益,做到物尽其用,减少浪费,建设节约型校园,降低运行成本。

各类学校都要因校制宜,制订针对性、操作性强的办法和措施,大力推动节约型校园建设。要在教学实验、科学研究、行政办公、基建后勤等各方面,建立严格、科学、合理的管理制度。在节约用水、节约粮食、节约办公用品、节约经费等各个环节制订具体实施办法。完善评价、监管措施,形成有利于节约的制约和激励机制。

倡导行为节材管理。倡导纸张耗材节约行为,节约用纸,推广无纸化办公,废纸重复利用,积极采用可再生纸;提倡双面用纸,减少打印、复印次数,节约使用打印耗材;严格控制会议铺张浪费;减少或不使用校园横幅,积极使用电子显示屏及网站；废旧资源如废旧钢铁、废旧有色金属、废旧塑料、废纸、废旧轮胎、废旧电子设备和器材应当再生利用；鼓励校园开展资源循环利用活动，积极回收利用书籍、衣物、文具等。

绿化浇灌、景观补水和路面喷洒等用水不使用自来水；绿化浇灌采用喷灌、微灌、滴灌等高效方式，合理安排绿化的灌溉次数及用水量；对供水系统定期检查，避免跑、冒、滴、漏现象；建有回用水供水系统的校园需对回用水管网压力进行监测，保证各用水点的正常使用。安排专人对再生水处理设施进行日常管理，建立完善日常数据记录文件和定期分析报告。学校绿化用水要采用再生回用水或收集雨水，减少甚至避免自来水资源的绿化使用。

落实实验室责任制，加强实验室实验材料及消耗品的管理，提高资源的使用效率，更好地培养学生的节约意识，建立专人负责制。

《北京市用水单位水量平衡测试管理规定》（京政办发〔1988〕47号）规定：月均取水量在2000t以上（含2000t）的用水单位，均应进行水量平衡测试。目前，多数学校水表计量不全，难以有效开展水平衡测试工作。

学校应建立和完善健全的计量系统，水计量器具配备情况符合《用水单位水计量器具配备和管理通则》（GB 24789）规定，有完善的计量台账。

《清洁生产评价指标体系 高等院校》规定：

① 落实实验室责任制度，建立专人负责制，严格落实实验材料及消耗品的登记使用；

② 办公用品及日常消耗品全面执行绿色采购制度；

③ 按照《企业水平衡测试通则》（GB/T 12452）规定，至少每5年进行一次水平衡测试。

（3）环境管理

根据北京市教育委员会2016年关于北京教育事业发展的统计概况：北京市共有高等院校171所，其中，普通高等院校90所（其中，综合大学5所、理工院校30所、农业院校3所、林业院校1所、医药院校4所、师范院校2所、语文院校9所、财经院校16所、政法院校8所、体育院校3所、艺术院校8所、民族院校1所），民办的其他高等教育机构81所。

北京市高等院校数量多，分布较集中，随着高等教育的发展和高等院校科技创新能力的提升，高等院校实验室的科研教学活动更加频繁，实验室废气、废液、固体废弃物等的排放及其污染问题日渐凸现，越来越引起社会的关注。为规范和加强高等院校实验室排污管理工作，防止实验室废物污染危害环境，维护环境和公共安全，保障人民身体健康，促进建立和谐型社会，《清洁生产评价指标体系 高等院校》规定：

① 对实验废水进行集中处理，登记造册，根据按时按要求处理的原则处理。

② 固体废物分类处理结合学校后勤管理的具体情况，建立行之有效的垃圾分类收集处理制度及具体措施，并由专人负责。

③ 电子废物登记在册，按年度进行报废设备的收集集中，并交付有资质的单位进行处置。

④ 建立环境管理体系，并取得认证，能有效运行；全部完成年度环境目标、指标和环境管理方案，并达到环境持续改进的要求。

⑤ 建立全校应急预案，并根据各区域特点制订详细的应急处理措施，由专门部门负责检查落实，定期组织演习。

（4）组织机构及管理

① 各类院校应根据该校的实际情况建立清洁生产管理部门或节约型校园建设委员会，该部门应该由学校能源管理、基建、房产、资产、设备、采购、学工、团委等部门的负责人和相关技术人员组成，并由一名校级领导担任该部门的直管领导，负责制订节约型校园建设工作的方针，指导节约型校园建设的工作，组织协调各院系、各部门的资源，为节约型校园建设工作的实施提供基本保障。

② 建立绿色校园行为管理制度，从校园中各个具体环节落实节能措施。

5.3.6 服务特征指标

（1）清洁生产认识普及程度

通过在高等院校范围内统一发放问卷调查等形式进行统计，得出高等院校师生和教职员工对清洁生产的认识程度。

(2) 清洁生产措施落实程度

评价阶段对清洁生产审核提出的各种方案的落实数量做出检查、统计和计算。

(3) 宣讲活动

高等院校推行清洁生产,实现节能减排,很大程度上取决于在校师生的行为习惯。因此,必须积极采取各种宣传活动和宣传卡片,引导师生在日常行为习惯中节约资源。

开展倡导节能环保和绿色消费的宣传和校园教育活动,印发节能减排主题的环保宣传册,使大家深切认识到绿色校园的建设要从自己做起,实现"举手之劳,心系环保"。

根据高等院校的教育学年规律,定期安排开展绿色校园教育讲座,邀请环保专业人士讲解绿色校园的政策、理念和意义,及日常环保注意事项等,使大家切实了解到学校清洁生产的重要性;开展学校日常工作人员技术讲座,邀请清洁生产专家及行业专家对学校日常管理、维护人员进行技术培训,传授节能减排专业知识,使绿色行动全面落实到学校的日常管理和后勤行动中。

《清洁生产评价指标体系 高等院校》规定:开展全校清洁生产、节能减排宣讲活动,制订工作计划,定期开展户外宣传,开办系列讲座。

5.4 评价实例分析及应用

根据北京市高等院校整体情况的调研数据,并结合《清洁生产评价指标体系 高等院校》进行综合计算和分析后推断,北京市 90 所普通高等院校(中央部委属高等院校 36 所,市属高等院校 54 所)中:能达到一级领先的有 4 所,占评价总数的 4.4%;达到二级先进的有 11 所,占评价总数的 12.2%;达到三级清洁生产单位的有 25 所,占评价总数的 27.8%;不达标的有 51 所,占评价总数的 56.7%。

根据高等院校的学科分类,结合不同学科高等院校的用能特点,将北京市高等院校分为三类用能单位:一类用能单位为理工及综合类学校;二类用能单位为文史、财经、师范及政法类学校;三类用能单位为高职类院校及专业类学校。

表 5-9 评价实例一

序号	一级指标	一级指标权重	二级指标	单位	二级指标权重	Ⅰ级基准值 100	Ⅱ级基准值 [80,100]	Ⅲ级基准值 [60,80]	案例(某一类用能单位高等院校)	得分/分
1	装备指标	17	节水器具	—	2	全面采用节水器具,符合 CJ 164 的要求,安装率达 100%			2007年安装水龙头节水喉并红外感应器,节水型器具使用率 100%	2
			浴室节水系统	—	2	安装智能化节水管理系统,将洗浴用水与使用费用挂钩			开水房和浴室采用智能水卡	2
			照明节能	—	2	全面采用节能照明技术,安装率达 100%		采用节能照明技术的器具,安装率达 50%	全面采用节能照明技术的器具	2
			供暖节能	—	2	供暖系统根据实际情况至少采取下列其中一项技术:锅炉及热站年度维护及记录,平衡阀变频阀智能仪表、散热器节能阀、平衡阀调节和计量装置、热力入口处加装热量调节和计量装置供暖节能技术和装备			部分采用	1
			节能监督系统	—	2	学校建立节能监测系统			学校于2010年8月开始进行能源监控系统的实施	1.6
			计量系统	—	2	具有完善健全的能源水计量系统,能源水计量器具配备情况分别符合 GB 17167 和 GB/T 12452 的规定;有完善的计量台账			本部的一级计量器具除市政热力外,水、电和气配备率良好。由于学校正在建设能源在线监测系统,二级、三级的计量器具配备在近几年内逐步完善	1
			废气排放前处理装置①	—	3	全面安装废气排放前处理装置,并保证装置有效运行,废气参照 DB11/501 达标排放			除环保楼建设有废气收集有大量使用有毒有害气体的实验楼设有专门的气体收集并处理达标排放,其他有毒有害气体的实验室部分实验室可能产生的有害气体少且分散,因此没有进行专门收集并处理;食堂产生的油烟经处理后达标排放	3

续表

序号	一级指标	一级指标权重	二级指标	二级指标权重	单位	I级基准值 100	II级基准值 [80,100]	III级基准值 [60,80]	案例（某一类用能单位高等院校）	得分/分
1	装备指标	17	再生水回用系统	2	—	全面建设再生水回用设备系统并保证全校区内再生水正常使用			使用市政再生水	2
2	资源与能源消耗指标	26	生均用电量①② 一类用能单位①	4	kW·h/(人·a)	≤1350	≤1800	≤1890	1481.9	3.0
			二类用能单位①			≤1170	≤1620	≤1710	—	—
			三类用能单位①			≤990	≤1350	≤1440	—	—
			生均新鲜水消耗量	4	t/(人·a)	≤18.0	≤26.5	≤49.7	30.31	3.1
			非采暖天然气生均消耗量①	2	m³/(人·a)	≤50.9	≤64.8	≤72.8	无法区分采暖·非采暖,164.6	0
			采暖天然气单位面积消耗量①	2	m³/(m²·a)	≤7.2	≤9.9	≤10.1	—	0
			外购热力采暖定额	2	GJ/(m²·a)	≤0.24	≤0.29	≤0.32	0.20	3
			生均综合能耗（以标煤计）	3	kg/(人·a)	≤250	≤350	≤550	610	0
			单位建筑面积综合能耗（以标煤计）	3	kg/(m²·a)	≤7	≤13.5	≤20	19.64	1.83
			生均实验室易耗品消耗量	3	万元/(人·a)	≤0.4	≤0.6	≤1.0	台账不齐全	1
			生均教学易耗品消耗量	3	元/(人·a)	≤10	≤30	≤50	18.72	1.95

第 5 章　高等院校评价指标体系及评价方法

续表

序号	一级指标	一级指标权重	二级指标	单位	二级指标权重	Ⅰ级基准值	Ⅱ级基准值	Ⅲ级基准值	案例（某一类用能单位高等院校）	得分/分
3	污染物产生指标	20	外排废水①	—	4	100	[80,100)	[60,80)	学校各建筑物的生活污水排入城镇污水处理厂，执行《水污染物综合排放标准》(DB 11/307)，医院污水经处理后排入市政污水管线，执行《医疗机构水污染物排放标准》(GB 18466—2005)	4
			外排废水COD浓度①	mg/L	4	外排废水执行 DB11/307 标准要求			4个点平均 292.5	4
			餐厨垃圾产生量	t/(人·a)	4	外排废水 COD 浓度执行 DB11/307 标准要求			989.3÷25816=0.038	4
			危险废物管理①	—	4	≤0.05	≤0.10	≤0.15	安排专门人员将实验室产生的废液、废试剂及空瓶等收集，废旧灯管等危险废物储存处置场，并交由有危废资质的单位处置	4
						高等院校范围内废化学药品及试剂、废旧灯管等危险废物严格按照国家规定 GB 5085.7 和 GB 18597 的规定、放射源按照国家规定处理、生化类危废按国家规定处理				
			一般固体废物处理利用率	%	4	≥90%	≥75%	≥60%	生活垃圾由后勤部门对其及时收集、分类装袋，再由环卫部门统一处理；学校食堂有机垃圾清运、处理一回收后，由相关机构清运、处理，校医院产生的医疗垃圾收集后交由相关机构清运、处理	3.2
4	资源与能源综合利用指标	4	再生水回用率	%	4	≥35	≥20	≥10	10.6	2.4

续表

序号	一级指标	一级指标权重	二级指标	单位	二级指标权重	I级基准值 100	II级基准值 [80,100)	III级基准值 [60,80)	案例（某一类用能单位高等院校）	得分/分
				—	3	根据学校不同建筑,不同使用特点采取分时段供暖的方式,夜间低温运行			部分有	1
				—	2	指定能源管理责任人,建立或健全用能原始记录统计台账及能耗计量,统计工作;定期检查维护		落实责任人,确定专人负责	主要用能设备（包括锅炉、空调机组等）的操作岗位均配备专业技术人员,设备定期维护保养。综合楼空调管理,三教定时对设备参数进行抄录。锅炉房设专人管理,能源消耗,并定时对参数进行抄录,并对锅炉压力、锅炉温度、能源消耗进行抄录。配电室设专人管理,能源系统运行和巡视检查记录档案齐全	2
5	清洁生产管理指标	28	能源管理	—	2	有健全的能源管理机构、管理制度,各成员人员单位职责分工明确,并有效发挥作用,按GB/T 23331的要求建立有能源管理体系并有效运行,建立有能源管理控制中心,制订有能用和节能发展规划	有健全的能源管理机构、管理制度,各成员人员单位职责分工明确,并有效发挥作用,按GB/T 23331的要求建立有能源管理体系并有效运行	有健全的能源管理机构、管理制度,各成员人员单位职责分工明确,并有效发挥作用	学校成立了节能工作领导小组,办事机构纳入单位在后勤管理处,将节能降耗工作作为日常工作事务中,正在建设能源监控系统平台	1.6

续表

序号	一级指标	一级指标权重	二级指标	单位	二级指标权重	I级基准值 100	II级基准值 [80,100]	III级基准值 [60,80]	案例（某一类用能单位高等院校）	得分/分
5	清洁生产管理指标	28	能源管理	—	2	具有能源管理体系报告，每3年开展一次电平衡监测，评价合理用电情况			无	0
				—	2	按照GB/T 12452的规定，每2年进行一次水平衡测试		按照GB/T 12452的规定，每5年进行一次水平衡测试	开展过水平衡测试	1.2
				—	2	固定设备登记造册，并定期开展设备检查，及时淘汰落后的高耗能设备	建立固定设备管理制度		固定设备登记造册，并定期开展设备检查，及时淘汰落后的高耗能设备	2
			资源管理	—	2	实验材料及易耗品使用落实责任制度，由专人负责，严格落实消耗品及实验品绿色采购使用	建立实验耗材使用登记制度		各实验室储存到处置场的实验药品并没有实行严格的登记制度，管理人员手里并没有这方面的台账	0
				—	2	办公用品及日常消耗品绿色采购制度全面执行		初步落实日常消耗品绿色采购制度	初步落实日常消耗品绿色采购制度	1.2
				—	2	对实验废水进行集中处理，按时按要求收集分类处理的原则执行	建立实验废水收集处理设施		部分实验室产生的废水直接排入市政管网，学校后勤部门统一收集一处理	1.2
			环境管理	—	2	危险废物的分类处理。严格执行GB 18597的规定。固体废物之有效的垃圾分类收集分类制度及具体措施，并由专人负责		按GB 5085.7和GB 18597的规定	在教学区、生活区生活后勤部门对其生活垃圾，由后勤部门对其生活垃圾及时收集、分类装袋，再由当地环卫部门统一处理	2

77

续表

序号	一级指标	一级指标权重	二级指标	单位	二级指标权重	Ⅰ级基准值 100	Ⅱ级基准值 [80,100]	Ⅲ级基准值 [60,80]	案例（某一类用能单位高等院校）	得分/分
5	清洁生产管理指标	28	环境管理	—	2	按照《电子废弃物污染环境防治管理办法》的规定，电子废物登记在册，按年度进行收集，并交付有资质的单位进行处置	按照《电子废弃物污染环境防治管理办法》的规定，电子废物登记在册，按年度进行报废设备的收集集中处理	按照《电子废弃物污染环境防治管理办法》的规定，电子废物集中收集	电子设备（如电脑、打印机、传真机等）由于学校人工了学校资产账，学校不能自行处置淘汰的电子设备，而是由北京市教委托华新绿源环保产业发展有限公司统一回收处置	2
				—	1	根据GB/T 24001运行；全部完成年度环境目标、指标和环境管理持续改进的要求	建立环境管理体系，并取得认证，能有效运行；全部完成年度环境目标、指标和环境管理方案		正在实施	0.6
				—	2	建立全校环境突发特点制订详细的应急处置措施，由专门部门负责检查落实，定期组织演习	建立全校环境突发事件应急预案，并根据区域特点制订详细的应急处置措施，定期组织演习	建立学校范围内的环境事故应急预案	建立学校范围内的环境事故应急预案	1.2
			组织机构及管理	—	1	建有生产负责清洁生产的领导机构，各成员单位及主管人员职责分工明确；有健全的清洁生产管理制度和奖励办法，有执行情况检查记录；制订清洁生产工作计划，对规划、计划提出的目标、指标、清洁生产方案认真组织落实	建有专门负责清洁生产的领导机构，各成员单位及主管人员职责分工明确；有健全的清洁生产管理制度和奖励办法，有执行情况检查记录	建有专门负责清洁生产的领导机构，各成员单位及主管人员职责分工明确	已落实	1

第5章 高等院校评价指标体系及评价方法

续表

序号	一级指标	一级指标权重	二级指标	单位	二级指标权重	Ⅰ级基准值	Ⅱ级基准值 [80,100)	Ⅲ级基准值 [60,80)	案例（某一类用能单位高等院校）	得分/分
5	清洁生产管理指标	28	组织机构及管理	—	1	建立节水、照明、空调系统、采暖系统的绿色校园行为节能管理制度			设有《校园绿色消费行为规范》，其中以"节约能源、资源，通过节约行为模式，提高师生环境素养，以达到节约型生态校园建设为目标	1
			清洁生产认识普及程度	—	1	随机抽查≥30人，其中≥80%了解清洁生产及节能减排相关内容	随机抽查≥30人，其中≥70%了解清洁生产及节能减排相关内容	随机抽查≥30人，其中≥60%了解清洁生产及节能减排相关内容	≥80%	1
			清洁生产措施落实程度	%	2	≥90	≥80	≥70	≥90	2
			教学活动	—	1	高等院校公开课开展全校清洁生产及节能减排相关的课程内容	制订工作计划	初步制订工作计划	公开课加入清洁生产及节能减排的课程内容	1
6	服务特征指标	5	宣讲活动	—	1	开展全校清洁生产、节能减排宣讲活动，制订工作计划，定期开展户外宣传，开办系列讲座	制订工作计划，定期开展户外宣传活动	初步制订工作计划	学校积极组织对能耗设备使用的业务节能培训，在日常工作中通过操作技巧和操作经验，减少能源、资源浪费	0.8
总得分										72.9

① 限定性指标。

② 根据高等院校的学科分类，结合不同学科高等院校的用能特点，将北京市高等院校分为三类用能单位，即一类用能单位（含综合、理工及具有类似用能特点的高等院校）、二类用能单位（含文史、财经、师范、政法及具有类似用能特点的高等院校）和三类用能单位（含专业院校、高职及具有类似用能特点的高等院校）。

5.4.1 评价实例分析一

某大学 A 是一所以工为主，理、工、经、管、文、法、艺术相结合的多学科性市属重点大学。学校共有 25 个学院，学校日常运行过程中污染物产生量以及能源消耗量大。

本轮清洁生产审核的范围是大学的三个校区，评价结果见表 5-9。

通过评价可知，学校达到清洁生产水平三级水平（≥70），有较好的清洁生产的基础，需要进一步进行清洁生产审核，找出节能降耗的提升点，进一步提升单位的清洁生产水平。

5.4.2 评价实例分析二

某大学 B 是一所民办高校，为一所综合类的高校。校内设置实验室管理办公室、资源设备管理办公室、后勤处、就业指导中心、基建处、财务处、人事处、科研处及校长办公室、校党支部、校工会、教务员等日常机构。该校的服务单元可分为教学、办公、后勤、生活，各单元在学校的经营过程中分别发挥着不同的作用。该校的清洁生产评价结果见表 5-10。

通过评价可知，学校的清洁生产水平较差，未达到清洁生产三级水平（≥70），亟须进行清洁生产审核，找出节能降耗的提升点，提升单位的清洁生产水平。

5.4.3 评价实例分析三

某大学 C 为三类用能单位，学校以本科教育为主，积极发展研究生教育，形成了从本科、硕士研究生到联合培养博士研究生的人才培养体系。该校的清洁生产评价结果见表 5-11。

通过评价可知，学校的清洁生产水平较差，未达到清洁生产三级水平（≥70），亟须进行清洁生产审核，找出节能降耗的提升点，提升单位的清洁生产水平。

第5章 高等院校评价指标体系及评价方法

表 5-10 评价实例二

序号	一级指标	一级指标权重	二级指标	单位	二级指标权重	Ⅰ级基准值 100	Ⅱ级基准值 [80,100]	Ⅲ级基准值 [60,80]	案例（某二类用能单位高等院校）	得分/分
1	装备指标	17	节水器具	—	2	全面采用节水器具100%	符合 CJ 164 的要求，安装率达100%	全面采用节水器具	2
			浴室节水系统	—	2	安装智能化节水管理系统	将洗浴用水与费用挂钩		已建立	2
			照明节能	—	2	全面采用节能照明技术的器具100%	采用节能照明技术的器具，安装率达50%		学校实施电容补偿改造以及节能灯改造方案	2
			供暖节能	—	2	供暖系统根据实际情况至少采用下列其中一项技术：锅炉及换热站自动化控制与辅机变频，供热管道保温年度维修及记录，平衡阀及平衡智能仪表，散热器节能阀，热力入口处加装热量调节和计量装置等节能技术和装备			未建立	0
			节能监管系统	—	2	学校建立节能监测系统			部分建立	1.2
			计量系统	—	2	具有完善健全的能源水计量系统，能源水计量器具配备情况分别符合 GB 17167 和 GB/T 12452 的规定，有完善的计量台账			电表：一级计量100%；二级计量100%。天然气表：一级计量100%。在计量管理方面，配置一级和部分二级计量仪表，主要用能设备配置率有待提高三级计量仪表	1.4
			废气排放前处理装置①	—	3	全面安装废气排放前处理装置，并保证装置的有效运行，废气参照 DB11/501 达标后排放			废气前处理后达标排放	3
			再生水回用系统	—	2	全面建立再生水回用设备系统，并保证全校区内再生水正常使用			未建立	0

续表

序号	一级指标	一级指标权重	二级指标	单位	二级指标权重	Ⅰ级基准值 100	Ⅱ级基准值 [80,100]	Ⅲ级基准值 [60,80]	案例（某二类用能单位高等院校）	得分/分
2	资源与能源消耗指标	26	生均用电量①② 一类用能单位	kW·h/(人·a)	4	≤1350	≤1800	≤1890	—	—
			生均用电量 二类用能单位	kW·h/(人·a)		≤1170	≤1620	≤1710	366	4
			生均用电量 三类用能单位	kW·h/(人·a)		≤990	≤1350	≤1440	—	4
			生均新鲜水消耗量①	t/(人·a)	4	≤18.0	≤26.5	≤49.7	16.25	4
			非采暖天然气生均消耗量①	m^3/(人·a)	2	≤50.9	≤64.8	≤72.8	39	2
			采暖天然气单位采暖面积消耗量①	m^3/(m^2·a)	2	≤7.2	≤9.9	≤10.1	2.7	2
			外购热力定额	GJ/(m^2·a)	2	≤0.24	≤0.29	≤0.32	外购热力为100171GJ，建筑面积为29893m^2，相除后得0.335	2
			生均综合能耗（以标煤计）	kg/(人·a)	3	≤250	≤350	≤550	265	2.91
			单位建筑面积综合能耗（以标煤计）	kg/(m^2·a)	3	≤7	≤13.5	≤20	18.92	1.91
			生均实验室易耗品消耗量	万元/(人·a)	3	≤0.4	≤0.6	≤1.0	无数据	0
			生均教学易耗品消耗量	元/(人·a)	3	≤10	≤30	≤50	无数据	0

第5章 高等院校评价指标体系及评价方法

续表

序号	一级指标	一级指标权重	二级指标	单位	二级指标权重	I级基准值 100	II级基准值 [80,100]	III级基准值 [60,80)	案例（某二类用能单位高等院校）	得分/分
3	污染物产生指标	20	外排废水[①]	—	4	外排废水执行 DB11/307 标准要求			按标准执行	4
			外排废水COD浓度[①]	mg/L	4	外排废水COD浓度执行 DB11/307标准要求			≤400	2.4
			餐厨垃圾产生量	t/(人·a)	4	≤0.05	≤0.10	≤0.15	0.13	2.72
			危险废物管理[①]	—	4	高等院校范围内废化学药品及试剂、废旧灯管等危险废物严格执行 GB 5085.7 和 GB 18597 的规定，放射源按照国家规定按危废规定处理			按要求执行	4
			一般固体废物处理利用率	%	4	≥90	≥75	≥60	35	0
4	资源与能源综合利用指标	4	再生水回用率	%	4	≥35	≥20	≥10	0	0
5	清洁生产管理指标	28	能源管理	—	3	根据学校不同建筑、不同使用特点采取分时段供暖的方式，夜间低温运行		落实责任人负责制，确定专人负责	无	0
				—	2	指定能源管理责任人，建立或健全用能原始记录和统计台账及能耗计量、统计工作；定期检查维护			初步制订用能设备节能操作规程、只是利用寒暑假集中进行维修保养定期检查维护时间	1

83

续表

序号	一级指标	一级指标权重	二级指标	单位	二级指标权重	Ⅰ级基准值 100	Ⅱ级基准值 [80,100]	Ⅲ级基准值 [60,80]	案例（某二类用能单位高等院校）	得分/分
5	清洁生产管理指标	28	能源管理	—	2	有健全的能源管理制度、管理机构，各成员单位及主管人员职责分工明确，并有效发挥作用；按GB/T 23331的要求建立能源有效运行的管理控制中心，制订有高校用能和节能发展规划	有健全的能源管理制度、管理机构，各成员单位及主管人员职责分工明确，并有效发挥作用；按GB/T 23331的要求建立能源管理体系并有效运行	有健全的管理机构，各成员单位及主管人员职责分工明确，并有效发挥作用	学校成立节能减排工作领导小组，领导小组下设办公室，办公室设在总务处，设立资源环境管理科章制度；2011年，学院委托北京某能源审计报告》，对学校能源消耗定额等规章制度；2011年，学院委托北京某能源审计有限公司完成了《学院能源审计报告》，对学校的能源结构及现状进行了审计，并陆续制订了若干能源管理制度	2
				—	2	具有能源管理体系报告，每3年开展一次测评，评价合理用电情况			无	0
				—	2	按照GB/T 12452进行一次水平衡测试	按照GB/T 12452的规定，每2年进行一次电平衡测试	按照GB/T 12452的规定，每5年进行一次水平衡测试	5年内有过平衡测试	1.2
				—	2	固定设备登记造册，并定期开展设备检查，及时淘汰落后的高耗能设备	建立固定设备管理制度		淘汰落后的高耗能设备、固定设备登记	2

第5章 高等院校评价指标体系及评价方法

续表

序号	一级指标	一级指标权重	二级指标	单位	二级指标权重	I级基准值 100	II级基准值 [80,100]	III级基准值 [60,80]	案例（某二类用能单位高等院校）	得分/分
5	清洁生产管理指标	28	资源管理	—	2	实验材料及易耗品使用由专人负责，实验材料及消耗品的登记造册	落实实验室责任制度，由专人负责，严格落实使用	建立实验耗材使用登记制度	建立了实验耗材使用登记制度	1
				—	2	办公用品及日常消耗品全面执行绿色采购制度	办公用品及日常消耗品全面执行绿色采购制度	初步落实日常消耗品绿色采购制度	初步执行绿色采购制度	1.2
				—	2	对实验废水进行集中处理，登记造册，按时按要求处理的原则处理	对实验废水进行集中处理，登记造册，按时按要求处理的原则处理	建立实验废水集中收集处理设施	由于之前学校没有对污染物进行管理，也没有进行过相关环境监测，因此没有废水、COD及餐饮废气、锅炉废气的排放量	1.6
			环境管理	—	2	危险废弃物的处理，严格执行GB 18597的规定。固体废物分类处理结合学校后勤管理的具体情况，建立行之有效分类收集处理制度及具体措施，并有专人负责	按照《电子废弃物污染环境防治管理办法》的规定，电子废物登记在册，按年度进行报废设备的收集并交付有资质的单位进行处置	按GB 5085.7和GB 1859.7的规定。固体废物分类处理的具体情况，建立行之有效的收集处理制度及具体措施，并由专人负责	固体废物分类处理情况，管理的具体情况，建立行之有效分类收集处理制度及具体措施，并由专人负责	2
				—	2	按照《电子废弃物污染环境防治管理办法》的规定，电子废物登记在册，按年度进行报废设备的收集并交付有资质的单位进行处置	按照《电子废弃物污染环境防治管理办法》的规定，电子废物登记在册，按年度进行报废设备的收集	按照《电子污染防治办法》的规定，电子废物登记册，按年度进行收集	电子废物登记在册，按年度进行报废设备的收集，并交付有资质的单位进行处置	2
				—	1	根据GB/T 24001建立运行，全部完成年度环境目标、指标和环境管理方案，并达到持续改进的要求	建立环境管理体系，并取得认证，能有效运行；全部完成年度环境目标、指标和环境管理方案，并达到持续改进的要求	建立环境管理体系，并取得认证	无	0

续表

序号	一级指标	一级指标权重	二级指标	单位	二级指标权重	Ⅰ级基准值 100	Ⅱ级基准值 [80,100)	Ⅲ级基准值 [60,80)	案例（某二类用能单位高等院校）	得分/分
5	清洁生产管理指标	28	环境管理	—	2	建立全校环境突发事件应急预案,并根据各区域特点制订详细的应急处理措施,由专门部门负责检查落实,定期组织演习		建立学校范围应急预案环境事故	建立学校范围内的环境事故应急预案	1.2
			组织机构及管理	—	1	建有专门负责清洁生产的领导机构,各成员人员及主管职责分工明确;有健全的清洁生产管理的制度和奖励办法,有执行情况检查记录;及年度工作计划,制订清洁生产工作规划,对规划、计划提出的目标、指标、清洁生产方案认真组织落	建有专门负责清洁生产的领导机构,各成员人员及主管职责分工明确;有健全的清洁生产管理的制度和奖励办法,办法,有执行情况检查记录	建有专门负责清洁生产的领导机构,各成员人员及主管职责分工明确	建有清洁生产的领导机构	0.6
				—	1	建立节水、照明、空调系统、采暖系统的绿色校园行为节能管理制度			无	0

第 5 章 高等院校评价指标体系及评价方法

续表

序号	一级指标	一级指标权重	二级指标	单位	二级指标权重	Ⅰ级基准值 100	Ⅱ级基准值 [80,100]	Ⅲ级基准值 [60,80]	案例（某二类用能单位高等院校）	得分/分
			清洁生产认识普及程度	—	1	随机抽查≥30人次的人员，≥80%了解清洁生产相关内容	随机抽查≥30人次的人员，其中≥70%了解清洁生产相关内容	随机抽查≥30人次的人员，其中≥60%了解清洁生产相关内容	≥80%	1
			清洁生产措施落实程度	%	2	≥90	≥80	≥70	≥90	2
6	服务特征指标	5	教学活动	—	1	高等院校公开课加入清洁生产、节能减排的课程内容	制订工作计划，定期开展户外宣传活动	初步制订工作计划	公开课加入清洁生产及节能减排的课程内容	1
			宣讲活动	—	1	开展全校清洁生产、节能减排讲话活动，制订工作计划，定期开展户外宣传，开办系列讲座	制订工作计划，定期开展户外宣传活动	初步制订工作计划	制订工作计划，定期开展户外宣传活动	0.8
								总得分		64.1

① 限定性指标。

② 根据高等院校的学科分类，结合不同学科高等院校的用能特点，将北京市高等院校分为三类用能单位，即一类用能单位（含综合、理工及具有类似用能特点的高等院校）、二类用能单位（含文史、财经、师范、政法及具有类似用能特点的高等院校）和三类用能单位（含专业院校、高职及具有类似用能特点的高等院校）。

表 5-11 评价实例三

序号	一级指标	一级指标权重	二级指标	单位	二级指标权重	Ⅰ级基准值 100	Ⅱ级基准值 [80,100]	Ⅲ级基准值 [60,80]	案例（某三类用能单位高等院校）	得分/分
1	装备指标	17	节水器具	—	2	全面采用节水器具，符合 CJ 164 的要求，安装率达 100%		采用节能照明技术的器具，安装率达 50%	学校教学楼、行政楼的部分开关器换成节能型开关器，安装节外红感应器	1.8
			浴室节水系统	—	2	安装智能化节水管理系统，将洗浴用水与使用费用挂钩			有	2
			照明节能	—	2	全面采用节能照明技术的器具，安装率 100%		采用节能照明技术的器具，安装率达 50%	节能灯占灯总数 82%；学校省合照明和办公照明等全部由使用者根据需要来开启；教学楼照明灯按照学生使用时间进行人工控制关闭	2
			供暖节能	—	2	供暖系统根据实际情况采用锅炉计算机自动化控制与辅机变频，供热管道保温、平衡阀及平衡阀智能仪表，暖气节能阀，热力入口处加装热量调节和计量装置等供暖节能技术和装备			各管道均设有保温层，保温层完整，供热管道密封性良好	1.2
			节能监管系统	—	2	学校建立节能监测系统			无	0
			计量系统	—	2	具备完善的能源、水计量系统，能源、水计量器具配备情况分别符合 GB 17167 和 GB/T 12452 的规定，有完善的计量台账			计量系统完备，需高需要加强台账建设，布置能源计量器	1.6
			废气排放前处理装置①	—	3	全面安装废气排放前处理装置，并保证有效运行，废气参照 DB11/501 达标后排放			学校锅炉排烟含湿量基本符合要求，食堂烹饪过程中产生的烟气采用净化器进行处理达标后排放	2
			再生水回用系统	—	2	全面建立再生水回用设备系统，并保证全校区内再生水正常使用			有中水处理站，准备维修改造后重新启用	1

第5章 高等院校评价指标体系及评价方法

续表

序号	一级指标	一级指标权重	二级指标	单位	二级指标权重	Ⅰ级基准值 100	Ⅱ级基准值 [80,100)	Ⅲ级基准值 [60,80)	案例（某三类用能单位高等院校）	得分/分
2	资源与能源消耗指标	26	生均用电量② 一类用能单位	kW·h/(人·a)	4	≤1350	≤1800	≤1890	—	—
			生均用电量② 二类用能单位	kW·h/(人·a)		≤1170	≤1620	≤1710	—	—
			生均用电量② 三类用能单位	kW·h/(人·a)		≤990	≤1350	≤1440	1305.5	2.69
			生均新鲜水消耗量①	t/(人·a)	4	≤18.0	≤26.5	≤49.7	35.632	2.95
			非采暖天然气生均消耗量①	m³/(人·a)	2	≤50.9	≤64.8	≤72.8	学校的天然气主要用于提供供暖、食堂和生活热水	0
			采暖天然气单位面积消耗量	m³/(m²·a)	2	≤7.2	≤9.9	≤10.1	无法区分采暖、非采暖	0
			外购热力采暖定额①	GJ/(m²·a)	2	≤0.24	≤0.29	≤0.32	0.32	2
			生均综合能耗（以标煤计）	kg/(人·a)	3	≤250	≤350	≤550	496	1.95
			单位建筑面积综合能耗（以标煤计）	kg/(m²·a)	3	≤7	≤13.5	≤20	22	0
			生均实验室易耗品消耗量	万元/(人·a)	3	≤0.4	≤0.6	≤1.0	311	3
			生均教学易耗品消耗量	元/(人·a)	3	≤10	≤30	≤50	95	1

续表

序号	一级指标	一级指标权重	二级指标	单位	二级指标权重	I级基准值 [100]	II级基准值 [80,100]	III级基准值 [60,80]	案例（某三类用能单位高等院校）	得分/分
3	污染物产生指标	20	外排废水①	—	4	外排废水执行DB11/307标准要求	外排废水执行DB11/307标准要求		6个污水排放口,排入城镇污水处理厂,执行《水污染物综合排放标准》(DB 11/307—2005)	4
			外排废水COD浓度①	mg/L	4				4个检测口平均192.6	4
			餐厨垃圾产生量	t/(人·a)	4	≤0.05	≤0.10	≤0.15	食堂产生的餐余垃圾及后厨垃圾等固废交由有资质的公司收集处理	4
			危险废物管理①	—	4	高等院校范围内废化学药品及试剂、废旧灯管等危险废物严格执行GB 5085.7和GB 18597的规定,放射性废物按照国家规定处理,生化类危废按国家规定处理			实验室产生的有毒有害废试剂及废液等先由实验室自行收集到废液桶,由校医院各科室产生的医疗废物暂存于学校医疗废物暂存处,然后交于有资质的公司清运、处理	4
			一般固体废物处理利用率	%	4	≥90	≥75	≥60	无数据	0
4	资源与能源综合利用指标	4	再生水回用率	%	4	≥35	≥20	≥10	学校已有中水处理站,需要维修改造,重新启用;使用中水冲厕,节约水资源	0

第5章　高等院校评价指标体系及评价方法

续表

序号	一级指标	一级指标权重	二级指标	单位	二级指标权重	I级基准值 100	II级基准值 [80,100]	III级基准值 [60,80]	案例（某三类用能单位高等院校）	得分/分
5	清洁生产管理指标	28		—	3	根据学校不同建筑，不同使用特点采取分时段供暖的方式，夜间低温运行			部分实施	1
				—	2	指定能源管理责任人，建立或健全用能原始记录和统计台账及能耗统计工作；定期检查维护		落实责任人负责，确定专人负责	需完善对办公区域的用电、用水定额管理方面的制度及规定	1.2
			能源管理	—	2	有健全的能源管理机构、管理制度，各成员人员职责分工明确，并有效发挥作用；按GB/T 23331的要求建立能源管理体系并有效运行；建立能源管控中心；制订有高校用能和节能发展规划	有健全的能源管理机构、管理制度，各成员人员职责分工明确，并有效发挥作用；按GB/T 23331的要求建立能源管理体系并有效运行	有健全的能源管理机构、管理制度，各成员人员职责分工明确，并有效发挥作用	学校成立了节能办公室、办公室设在后勤管理处，在能源管理方面采取了一系列的措施，从能源管理目标、方针的制订，到能源消耗定额管理、节能技术改造等方面，还需进一步建立完整的能源统计管理体系	1.6
				—	2	具有能源管理体系报告，每3年开展一次电平衡测测，评价合理用电情况			经过多年办法，形成了以用水用电管理办法、空调使用管理规定以及各用能系统巡检记录为主体的能源管理制度体系	1
				—	2	按照GB/T 12452的规定，进行一次水平衡测试	按照GB/T 12452的规定，每2年进行一次水平衡测试	按照GB/T 12452的规定，每5年进行一次水平衡测试	审核期间同时开展水平衡测试	1.2

序号	一级指标	一级指标权重	二级指标	单位	二级指标权重	I级基准值 100	II级基准值 [80,100]	III级基准值 [60,80]	案例（某三类用能单位高等院校）	得分/分
5	清洁生产管理指标	28	能源管理	—	2	固定设备登记造册,并定期开展设备检查,及时淘汰落后的高耗能设备	建立固定设备管理制度		共有75台淘汰电机,学校的设备管理设有统一的台账,无专人负责进行设备设备的统计和管理,设备台账没有及时更新,且对于已经淘汰的设备没有及时拆除回收	1.6
			资源管理	—	2	实验材料及易耗品使用落实实验室责任制度,建立专人负责,严格实验材料及消耗品的登记使用	实验材料及易耗品使用落实实验室有责任制度,严格实验材料的登记使用	建立实验耗材使用登记购买制度	学校对化学试剂以及器设有进行统一登记购买,由各实验室自行购买管理	0
				—	2	办公用品及日常消耗品执行全面绿色采购制度	办公用品及日常消耗品全面执行绿色采购制度	初步落实日常消耗品绿色采购制度	初步落实日常消耗品绿色采购制度	1.2
				—	2	对实验废水进行集中处理,根据按时按要求处理的原则处理	建立实验废水集中处理设施	建立实验废水集中收集处理设施	废试剂及废液等先由各实验室自行收集到废液桶,交由有资质的单位处理处置	2
				—	2	危险废弃物的处理,严格执行 GB 5085.7 和 GB 18597 的规定。固体废弃物分类处理结合学校后勤管理的具体情况及具体措施,建立专人负责,并由专人负责			建立垃圾分类收集、处置设施及有专人负责	1.6
			环境管理	—	2	按照《电子废弃物污染环境防治管理办法》的规定、电子废物登记在册,按年度进行报废设备的收集中处理	按照《电子废弃物污染环境防治管理办法》的规定、电子废物登记在册,按年度进行报废设备的收集中处理	按照《电子废弃物污染环境防治办法》的规定收集中收集	学校电子垃圾(如废旧计算机、投影仪、空调等)有统一的收集办法。学校规定办公室或实验室电子产品需登记,写明废报损的电子设备使用原因,报废淘汰的电子设备都交付有资质的公司进行处置。学校电子垃圾的统计详细	2

第5章 高等院校评价指标体系及评价方法

续表

序号	一级指标	一级指标权重	二级指标	单位	二级指标权重	Ⅰ级基准值 100	Ⅱ级基准值 [80,100)	Ⅲ级基准值 [60,80)	案例（某三类用能单位高等院校）	得分/分
5	清洁生产管理指标	28	环境管理	—	1	根据GB/T 24001建立环境管理体系,并取得认证,能有效运行;全部完成年度环境目标、指标和环境管理方案,并持续改进环境管理方案达到环境持续改进的要求	建立环境管理体系,并取得认证,能有效运行;全部完成年度环境目标、指标和环境管理方案,并达到环境持续改进的要求	根据GB/T 24001建立环境管理体系,并取得认证,能有效运行;全部完成年度环境目标、指标和环境管理方案,并达到环境持续改进的要求	已经建立环境管理体系	0.6
				—	2	建立各区域特点制订详细的应急处理措施,定期组织演习	建立环境突发事件应急预案,并根据各区域特点制订详细的应急处理措施,定期组织演习	建立学校范围环境事故应急预案	无	0
			组织机构及管理	—	1	建有专门负责清洁生产的领导机构,各成员单位及主管人员职责分工明确;有健全的清洁生产管理制度和奖励办法;有执行情况检查记录;制订清洁生产工作计划及年度工作计划,对规划、计划提出的目标、指标,清洁生产方案认真组织落实	建有专门负责清洁生产的领导机构,各成员单位及主管人员职责分工明确;有健全的清洁生产管理制度和奖励办法,有执行情况检查记录	建有专门负责清洁生产的领导机构,各成员单位及主管人员职责分工明确	组建了清洁生产审核领导小组和清洁生产审核工作组,清洁生产基地推进清洁生产工作	0.6
				—	1	建立节水、照明、空调系统、采暖系统的绿色校园行为节能管理制度			部分建立	0.8

93

续表

序号	一级指标	一级指标权重	二级指标	单位	二级指标权重	Ⅰ级基准值 100	Ⅱ级基准值 [80,100)	Ⅲ级基准值 [60,80)	案例（某三类用能单位高等院校）	得分/分
6	服务特征指标	5	清洁生产认识普及程度	—	1	随机抽查≥30人次的人员,其中≥80%了解清洁生产相关内容	随机抽查≥30人次的人员,其中≥70%了解清洁生产相关内容	随机抽查≥30人次的人员,其中≥60%了解清洁生产相关内容	随机抽查≥30人次的人员,其中≥80%了解清洁生产相关内容	1
			清洁生产措施落实程度	%	2	≥90	≥80	≥70	≥90	2
			教学活动	—	1	高等院校公开课加入清洁生产及节能减排的课程内容	公开课加入清洁生产及节能减排的课程内容	初步制订工作计划	公开课加入清洁生产及节能减排的课程内容	1
			宣讲活动	—	1	开展全校清洁生产、节能减排宣讲活动,制订工作计划,定期开展户外宣传,开办系列讲座	制订工作计划,定期开展户外宣传活动	初步制订工作计划	充分利用网站、宣传栏、黑板报,简报等宣传载体,组织全体教职工学习有关清洁生产的政策、法律法规和有关文件,培养职工能源忧患意识和环保意识,增强职工的责任感,促进节约型校园工作的进一步开展	1
						总得分				62.6

① 限定性指标。
② 根据高等院校的学科分类、结合不同学科高等院校的用能特点,将北京市高等院校分为三类用能单位,即一类用能单位（含综合、理工及具有类似用能特点的高等院校）、二类用能单位（含文史、财经、师范、政法及具有类似用能特点的高等院校）和三类用能单位（含专业院校、高职及具有类似用能特点的高等院校）。

第6章 高等院校清洁生产管理经验和技术

众所周知,高等院校作为我国培养人才、科学研究以及服务社会的主要单位,承担着为国家科技进步和为各行各业输送人才的重要任务,在国民经济和社会发展中具有举足轻重的作用,然而伴随产生的环境问题也愈加严重,不容小觑。

近年来,随着高等院校清洁生产工作的加快推进,为了更好地开展清洁生产工作,除了要掌握相关的专业知识和法规标准外,还应多加学习和了解国内外关于高等院校清洁生产的先进管理经验和先进清洁生产技术,更新知识,开阔视野。通过管理水平的逐渐提升,以及对能源利用传统观念的转变,采用节能减排新技术,各高等院校的能源消耗、资源消耗和污染物排放量等指标都有一定程度的下降,绿色大学建设已初见成效。

本章收集了北京市各高等院校近几年已经实施并取得很好成效的清洁生产的管理制度、技术及相关资料,对其进行深入分析,从管理理念和清洁生产先进技术两方面进行相关介绍。

6.1 清洁生产管理

6.1.1 管理理念

随着高等院校不断扩招,在校学生规模不断扩大,高等院校的能源需求量和污染物排放量不断增加。高等院校已经成为能源消耗和温室气体排放的大户，仅仅靠末端治理具有很大的局限性。清洁生产作为一种全新的创造性思想，是建设节约型校园的根本出路和最佳途径。针对高等院校行业的清洁生产内容主要包括以下几点。

① 全面采取节能减排措施。各地教育行政部门和各级各类学校要结合本校实际，强化师生员工的节能环保意识，从学校发展、建设及日常运行管理的全局出发，对节能、节水、环保工作进行统筹规划。要建立健全节能环保制度，做好学校发展和校园建设规划，加强基本建设、维修改造及日常工作、学习、生活运行过程中的节能环保管理，严格执行国家节能环保标准，积极采用新技术、新工艺、新设备，节约每一滴水、每一度电、每一粒粮食、每一张纸，做到节约资源、保护环境。

② 加强节能环保知识教育。在学校教育教学中充实节能、环保教育内容，将节能、节水、节地、节粮、节材等教育内容以灵活多样的形式纳入学校课堂教学中，真正落实节能环保工作进校园、进课堂。

③ 组织开展以节能减排为内容的学校主题教育活动和学生社会宣传活动。引导学生树立节能环保的观念，关注生活中的节约方式，学习和寻找节能的窍门和方法，熟悉要求、宣传群众、教育自己。

④ 开展节能环保社会实践活动。开发和建设节能环保社会实践活动基地，方便学生开展以节能环保为主题的社会实践活动，使学生深化环保意识、掌握环保技能、养成环保习惯。组织学生开展节能减排科技创新活动，开展大学生节能减排社会实践和科技竞赛。

6.1.2 管理方法

高等院校清洁生产管理工作需要针对试点高校开展活动，分析环境现状，查找目前主要存在的环境问题及对环境造成的影响。主要包括环境意识、环境管理制度、资源与能源的利用和消耗、废物处置与排放、服务产品和方式等软、硬件条件及各个环节存在的问题，以及对环境的影响和可改进的地方。

试点高等院校开展清洁生产，研究高等院校清洁生产的具体措施、实施方法和程序，总结归纳高等院校实施清洁生产的途径；提出高等院校清洁生产的具体要求；对试点高校开展清洁生产工作的效益进行分析，围绕"节能、降耗、减污、增效"和院校形象等方面，对清洁生产潜在的经济效益和环境效益进行评估。

通过实践形成丰富的清洁生产管理办法。

(1) 绿色办学

在办学过程中，成立绿色机构，制订绿色制度，实行绿色管理，强调实际效益，降低办学成本，减少资源浪费。即学校成立一个专门进行绿色大学建设和环境教育的组织，研究和部署学校全方位的建设工作；用可持续发展思想创新学校各项规章制度；以降低管理成本与资源消耗的方法来提高管理效率与水平。在高等院校的日常教学活动中，应大力推广常规能源的清洁利用，充分利用可再生能源（如太阳能、地热能等）和开发清洁能源，少用或不用有毒有害的原料和易造成污染的原料。

(2) 绿色教学和实践

在教学改革中，设置绿色教育课程，增加绿色教育内容，建立一个完整的绿色教育课程体系。

① 这个体系首先应该包括2～3门有关环境保护和可持续发展方面的公共必修课与必选课。

② 这个绿色教育课程体系还应该包括一些选修课。由不同的院（系）根据各自的学科特点，设置与绿色教育相关的课程，如生物专业可开设《生态学》《分子生态学》《微生物生态学》等相应课程，机械专业可开设《绿色制造》课程，材料专业可开设《环境材料学》，让学生结合自己的兴趣从不同的视角来了解环境保护与可持续发展这一课题。

③ 绿色教育课程体系中还应该包括一些心理学和信息素质教育的相关课程，使学生掌握一些普通心理学和社会心理学知识以及信息检索知识，使同学和老师都有健康的心理。

此外，还应广泛开展以绿色教育为目的的课外实践活动。

(3) 绿色科研

绿色科研就是将环境保护和可持续发展理念贯穿于科研工作的各个方面，引导科研持续发展，实现环境效益与经济效益"双赢"的科学研究。在科学研究中注意过程的绿色环保，加大绿色产品和技术的研发力度，从事高质量的绿色科学研究。绿色科研包括绿色技术、绿色项目和绿色产品。

① 绿色技术是指与环境污染治理和环境质量改善相关的技术，以及符合清洁生产原理的新工艺和新技术。

② 绿色项目是指环境友好方面的研究项目，包括可持续发展领域和环境技术咨询与服务的研究项目。

③ 绿色产品是指学校通过绿色科研研究和开发的低成本、少污染、高性能的产品。

④ 绿色实验室。对实验过程，要求节约原材料，合理利用能源，不用对人类有毒、对环境有害、对生态系统有不良影响的原料，降低成本，降低消耗，减少废物和有毒物质的排放。同时，也要注意实验过程中的消防安全，防止火灾。

(4) 绿色校园

创建绿色校园的一个重要方面是要有一个清洁优美、生态良性循环、布局合理、环境宜人并与校园文化融为一体的绿色校园环境。绿色校园包括生态园林景观、绿化美化工程、环境卫生状况、污染控制措施、绿色校园网络五个方面。在校园灌溉方面，可以采用中水灌溉。在保持校园环境方面，要调动全校学生的环保意识，加大宣传力度，制订完善的规章制度，养成全校师生良好的环境卫生习惯，不乱扔废物，不随地吐痰，不践踏草坪等。

(5) 绿色图书馆

高校图书馆作为全校信息素质教育的基地，要为全校学生开设信息检索课和举办各种讲座，使学生掌握获取网上和图书馆各种信息资源的方法，带领学生进行机检、手检课的实习。在图书采购方面要购买一些有关环境保护、可持续发展以及有益于学生养成良好心理素质方面的书籍，而不能仅仅采购专业方面的图书，要考虑到学生全面素质的培养。

(6) 绿色食堂

一方面要防止食堂排放的污水和烟尘污染校园环境；另一方面，有的高校食堂饭菜质量差，学生买了但吃不下的饭菜形成垃圾，这样不仅造成资源浪费，而且对社会资源也是一种巨大的浪费。应该积极让学生参与食堂管理，听取学生对食堂饭菜的意见，减少食堂垃圾。

6.2 清洁生产技术

6.2.1 节水技术

高等院校集教学科研和生活于一体,是水资源消耗大户。北京市现有高等院校百余所,在校学生和教职员工较多。高等院校既是城市生活的重要组成部分,又是人才技术高度密集的地方。因此,选择高等院校进行节水技术系统研究与应用,不仅可以提高高等院校的用水效率和经济效益,而且对增强全社会的节水意识,促进人水和谐发展大有裨益。

6.2.1.1 优化供水设计

(1) 管网改造

高等院校区域内的供水设施,由于管理范围面广、难度大,特别是供水设施陈旧落后,且大多为承插铸铁给水管,管网漏损率较高,有的达10%~15%。对校园区域内供水干管的管网进行监测,从总水表到分栋、分户计量水表的差值,可以推断管网漏损率如何,如有严重情况,漏损率超过10%,应进行检测,并进行局部管网改造。特别是灰口铸铁给水管,因脆性大,施工中如基础处理不当,地基不均匀沉降,承插口易开裂,而此时已覆土,造成长期漏损。解决此类问题,首先应严格按规范处理好管槽基础,同时,采用优质的管材也是减少漏水的保证措施之一,例如采用孔网钢骨架塑料管热熔连接,或者采用球墨铸铁管,橡胶圈柔性接口。

(2) 供水技术改造

无负压供水设备通过微机控制下的变频调速器实现恒压供水,其控制过程如下。根据实际情况设定用水点工作压力,并实时监测市政管网压力。当管网压力低于用户所需压力时,微机自动控制变频器启动,调节水泵以使其转速提高,直到管网压力上升至用户所需压力,并控制水泵以恒定转速运行,保证恒压供水。当用水量增加时,水泵转速提高;当用水量减少时,水泵转速降低。这样,可以实时保证用户的用水压力恒定。自来水的压力越低,水泵的转速就越高;自来水的压力越高,水泵的转速就越低。当自来水的压力不小于用户所需的压力时,水泵停止运转。无负压供水设备在运行过程中，微机实时监测市政管网压力，真空抑制器与稳流补偿器可以抑制负压的产生，既充分利用了市政管网的压力，又不产生负压，从而减少对市政管网产生的不利影响。

无负压供水设备控制原理如图 6-1 所示。

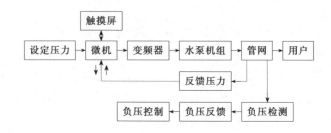

图 6-1　无负压供水设备控制原理

采用新型的无负压智能化供水设备，既能保证对市政供水管网不产生负压，又能充分利用市政供水原有压力，可节约电能 40%～90%。使用变频恒压供水系统降低水电损耗，节水效率达到 20%，节电效率达到 30% 以上。

（3）浴室改造

对现有无循环定时热水供应系统进行改造，改用支管循环方式或立管循环方式；改双管系统为单管恒温供水；安装限流孔板；在冷、热水入水口之间安装压力平衡装置；安装使用低流量的莲蓬头、充气式热水龙头和恒温式冷热水混合龙头。

6.2.1.2　利用水平衡技术测试输水管网的渗漏率

一些高等院校老校区的自来水管网较为陈旧，管网漏损率往往较高，有时高达 15%～40%，特别是灰口铸铁给水管，因脆性大，施工中如基础处理不当，地基不均匀沉降，承插口易开裂，造成长期地下漏损而不被发现。运用先进的测漏仪技术对校区内供水管网进行监测，通常根据从总水表到分栋、分户计量水表的差值，可以推断管网漏损率。如果情况严重，漏损率超过 10%，则应进行重点检测。对校内用水状况按用水系统进行分类，通过水平衡闭合测试，找出问题所在，及时进行局部或系统的管网改造。管网改造应采用球墨铸铁管等优质管材，严格按规范处理好管槽的基础。

6.2.1.3 安装节水设备

2002年，我国制定了《中华人民共和国城镇建设行业标准（节水型生活用水器具）》，大力推荐使用节水型用水器具，对市场上的各种节水型设备做了严格的规定，指导用户的使用。2005年，国家发改委、科技部会同水利部、建设部和农业部又发布了《中国节水技术政策大纲》。2011年，中共中央、国务院下发了1号文件《关于加快水利改革发展的决定》，对促进水利可持续发展做出了重要部署，提出了实施最严格的水资源管理制度，加强用水总量控制、加强用水效率控制、加强水功能区纳污控制、严格水资源管理责任和考核等重点任务，其中强调了"尽快淘汰不符合节水标准的用水工艺、设备和产品"。这些文件的发布为节水器具的推广使用提供了政策保证。

节水型生活用水设备是指满足相同的饮用、厨用、洁厕、洗浴、洗衣等用水功能，较同类常规产品能减少用水量的设备、用具，包括节水型水龙头、节水型便器以及冲洗设备、节水型淋浴器等。一般节水型器具的应用较传统的用水器具可以节省1/10~1/2的用水量。

（1）节水型水龙头

水龙头是应用范围最广、数量最多的一种盥洗用水器具。目前，节水型水龙头（图6-2）大多为陶瓷阀芯水龙头。有关研究表明，陶瓷阀芯经受50万次以上的开关操作以后仍然可以顺畅省力地操作，能够耐久使用。陶瓷阀芯的耐老化、耐磨损、不需维修，保证了运行的稳定性，节约维修费用和劳动强度等。陶瓷材料拉伸强度高、不易变形、耐高温、耐低温、耐磨损、不腐蚀的特性决定了陶瓷材料的优良密封性能。陶瓷阀芯使得水龙头不易渗漏水滴，也达到了环保节水的目的。这种水龙头在同一静水压力下，其出流量均小于普通水龙头的出流量，具有较好的节水效果，节水量为20%~30%。

图6-2　节水型水龙头

（2）节水型便器

按照标准规定方法进行测试，用水量不大于8L的蹲便器为节水型蹲便器，用水量不大于3L的小便器为节水型小便器。常见的节水型蹲便器及小便器大致为延时自闭阀式和感应冲洗阀式。

1）延时自闭阀　延时自闭阀的全称为可调式延时自闭冲洗阀，是既可以调节冲洗时间、控制冲洗水量大小，又能自动关闭的阀门。它是利用给水管内的水压，凭借内部结构造成的压差启闭的，属于压差式阀门。它可以根据安装现场的水压来调节延时长短，也可以调整螺栓以控制冲洗水量，达到节水的目的。

2）感应冲洗阀　感应式小便器应用红外线反射原理，人站在小便器前，红外线发出管发出的红外线经过人体反射到红外线接收管，然后信号经过后续处理控制电磁阀打开放水，人离开小便器后，红外线停止反射，电磁阀自动关闭。感应式蹲便器是利用红外线反射原理，当人体在蹲便器的红外线区域内时，红外线发出管发出的红外线由于人体的遮挡反射到红外线接收管，通过集成电路的微电脑处理后的信号发送给脉冲电磁阀，电磁阀接收信号后，按指定的指令打开阀芯来控制机器出水。

6.2.1.4　使用计时付费技术

学校浴室是高等院校水资源浪费比较严重的场所之一。在浴室里，有的学生为了增加室内温度，空开热水龙头，有的用热水洗衣服，有的用水后不关水龙头，造成长流水现象。为改变这种状况，可以采用减压供水、减小水龙头出水口径、脚踏板控制淋浴技术，一旦人员离开淋浴喷头，便自动关闭等措施。但由于部分学生的节水意识不强，浪费水的现象没有从根本上得到解决。

IC卡智能管理装置以射频卡为媒体，运用了自动控制技术、射频识别技术、网络技术和现代图形显示技术等。采用电磁互感方式实现卡与控制器之间非接触感应控制，自动将各种信息输入控制器，使用预收费的方式进行消费。

持卡人如需要用水，射频卡在有效距离内，POS机得到卡号存在的信息，发出命令给电磁阀，电磁阀打开水龙头，开始消费。关闭水龙头，再次刷卡，POS机形成一条流水记录（流水格式为：卡号＋消费金额数＋消费时间+POS机号),POS机发出命令给电磁阀,电磁阀关闭水龙头。学校浴室和茶水房采用该非接触式IC卡智能管理系统后,对热水进行严格控制和管理,据统计,该项技术的推广比以前的人工管理至少可节水30%。

6.2.1.5 雨水收集利用系统

雨水收集利用系统是指将雨水根据需求进行收集后,并经过对收集的雨水进行处理后达到符合设计使用标准的系统。目前,雨水收集利用系统多数由弃流过滤系统、蓄水系统、净化系统组成。雨水利用的几种方式如下。

① 从屋面、周围道路、广场收集雨水,流入地下储水池做简单处理,用于宿舍、公共和绿化等方面的非饮用水,如浇灌、冲厕、冲洗路面、冷却循环等。

② 采用屋顶绿化的形式留住雨水,削减径流量,减轻城市排水管网压力,减轻污染,缓解城市热岛效应,调节建筑温度,美化城市。

③ 花园小区雨水集蓄利用,绿地入渗,维护绿地面积,同时回灌地下水。

④ 选址进行雨洪回灌,人工补给地下水。

典型雨水收集与利用工艺流程见图6-3。

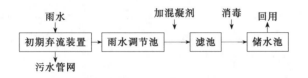

图6-3 典型雨水收集与利用工艺流程

6.2.1.6 中水回用技术

校园废水主要包括生活污水和教学废水。生活污水是日常生活和办公活动中排放的污水,水量较大且稳定,水质变化不大,毒性小,营养物质和有机质含量高,容易腐败发臭;教学废水是校园中浇灌、养殖实践和实验教学过程中排放的废水,特点是水量小、水质变化大、所含污染物种类繁多。虽然实验室废水污染物浓度高且多为有毒有害物质,排放后对环境危害较大,但水量较小,与生活污水混合后,不会引起水质、水量的太大变化,所以校园污水主要是生活污水。根据相关设计规范,应优先选择杂排水作为中水水源，一般按以下顺序进行取舍：冷却水、沐浴排水、盥洗排水、洗衣排水、厨房排水、厕所排水。经监测，这些原水一般不含有毒物质，BOD/COD 在 0.5～0.7 之间，可生化性好，经过处理后易达到《生活杂用水水质标准》，适合作中水水源。同时，高等院校建筑布局分区较为合理，一般设置学生宿舍区、教学区、实验区、食堂区、教师公寓区等，区域相对独立，排水自然形成水质分流，产生的污水成分较为单一，用水时间相对固定，排水量变化特点显著，便于收集以及选择合理的处理工艺和设施。

校园内主要用水部门包括学生宿舍、食堂、浴室、教学楼、办公楼、绿化、景观、教职工住宅楼等。回用水用途不同，其要求达到的水质标准不同，中水处理工艺流程不同。建议校园中水采用以下回用顺序：冲厕—绿化—道路喷洒—景观用水—消防储水—洗车。

正确选用中水回用处理工艺是中水回用系统的关键环节。一般的中水回用系统包括一级处理、二级处理和三级处理三个处理阶段。

① 一级处理采用的方法为物理方法，如过滤、重力沉淀等技术。

② 二级处理采用的方法为生物处理方法，主要是在微生物的代谢作用下，将污水中的有机物氧化降解为稳定无害的无机物。

③ 三级处理是在一、二级处理的基础上，通过采用混凝、过滤、离子交换、反渗透等物理和化学方法去除污水中的有机物、磷、氮等物质。经测定，污水经过三级处理后可达到城市用水或工业用水的水质标准。

由于校园污水来源单一，成分简单，所以校园中水处理工艺流程可按不同中水水源分为以下两种方式。

① 中水原水为校园优质杂排水时，关键是去除中水原水中的悬浮物和少量有机物，具体工艺流程如图 6-4 所示。

图 6-4　工艺流程（中水原水为校园优质杂排水）

② 中水原水为校园生活污水时，关键是去除中水原水中的悬浮物和大量有机物，具体的流程如图 6-5 所示。

一般情况下，对于以优质杂排水和生活污水为原水的中水处理系统，采用常规的生物处理工艺、物化处理工艺均能达到预期的处理效果，符合中水水质标准。目前,高等院校校园污水再生利用大多采用一体化膜生物反应器、CASS 工艺、土地处理工艺等。

图 6-5　工艺流程(中水原水为校园生活污水)

(1) 膜生物反应器(MBR 工艺)

MBR 工艺是一种新型高效污水处理工艺,工艺流程如图 6-6 所示。

图 6-6　MBR 污水处理工艺流程

MBR 工艺与传统的污水生物处理技术相比有以下优点。

① MBR 以膜分离过程取代传统污水处理工艺中的重力沉降过程,有效地解决了由于固体颗粒沉降性能不佳而导致的活性污泥流失现象,对来水水质和运行情况的变化有较强的适应性,出水水质稳定。

② 超滤膜截留了污水中的大部分微生物,使得反应器中微生物总量以及种类丰富,反应器中维持高污泥浓度(MLSS)、低污泥负荷(F/M),能使有机物深度氧化,减少剩余污泥的排放。

③ MBR 工艺将曝气池、二沉池、污泥浓缩池等集中于 MBR 池,工艺流程简单,运行管理方便。

④ MBR 工艺占地面积小。另外,该装置可单独建在地下(即地埋式中水处理装置,地面可以作运动场或绿化),也可安排在楼房的地下室内(采用一体化中水处理装置)。

由于 MBR 工艺具有上述优点,因此适合位于市区用地比较紧张的高等院校。

(2) 周期循环式活性污泥法(CASS 工艺)

CASS 工艺是 SBR 的一种改良工艺,它将可变容积的活性污泥工艺过程与生物选择器原理有机结合。CASS 工艺在序批式活性污泥法(SBR)的基础上，进水端增加了一个生物选择器，反应池沿池长方向设计为两部分，前部为生物选择区也称预反应区，后部为主反应区，主反应区后部安装了可升降的自动撇水装置。整个工艺的曝气、沉淀、排水等过程在同一池子内周期循环运行，省去了常规活性污泥法的二沉池和污泥回流系统，实现了连续进水（沉淀期、排水期仍连续进水）、间歇排水。污染物的降解在时间上是一个推流过程，而微生物则处于好氧、缺氧、厌氧的周期性变化之中，从而达到对污染物的去除作用，同时还具有较好的生物脱氮、除磷功能。CASS工艺具有处理效果稳定，出水水质好，对水质、水量变化适应能力强，污泥产量低、无异味，工艺运转操作较为简单，处理成本低等优点，因此可以作为高等院校中水回用的选用工艺。

（3）人工湿地技术

人工湿地是一种高效低耗的污水自然生物处理工艺。用人工筑成水池或沟槽，底面铺设防渗漏隔水层，填充一定深度的土壤或填料层，种植芦苇一类的维管束植物或根系发达的水生植物，将污水、污泥有控制地投配到湿地上，污水与污泥在沿一定方向流动的过程中，主要利用土壤、人工介质、植物、微生物的物理、化学、生物三重协同作用，对污水、污泥进行处理。其作用机理包括吸附、滞留、过滤、氧化还原、沉淀、微生物分解、转化、植物遮蔽、残留物积累、蒸腾水分、养分吸收及各类动物的作用。人工湿地分为表面径流人工湿地和人工潜流湿地。

人工湿地不需要采用大量的人工构筑物和机电设备，省略了曝气、投加药剂和回流污泥等环节，整个工艺过程也不会产生剩余污泥，可以大大减少基建投资和运行费用，运行效果好。除此之外，人工湿地具备良好的景观效果，在一定条件下可产生诸如水产、绿化、野生动物栖息、娱乐教育等效益。目前，很多高等院校的新校区都处于郊区，占地面积较大，有足够的场地来设置人工湿地的处理池，加上高等院校校园建设对景观有一定的要求，因此，在高等院校中水回用处理工艺的选用上人工湿地有较为明显的优势。

6.2.2 节能技术

6.2.2.1 公寓智能控电管理系统改造

智能控电管理系统是由智能式电能表和微电脑控制部分结合，并与电脑实现连接的高科技电能计量管理系统。智能控电管理系统主要是针对学生宿舍用电,控制计量、管理、统计、查询每个学生寝室的电量、电费,可以在学校宿舍的用电管理中实行预存电费制度,设置每个用电终端即用电单元最大用电功率,自动判断超载和短路并迅速切断。电量控制管理系统集电能计量、时段控制、负荷控制、实时监控等诸多功能于一体,便于电表集中与管理,同时防止各类偷漏电、超负荷用电等现象。

该系统本身具有占地面积小、安装维修方便、机柜选择性大、数据安全性高等特点。与传统控电系统相比,该管理系统有如下优势。

(1) 节省人力及物力资源

1) 定时开关 通过把学校规定的开关灯时间设定在数据管理器中,让数据管理器 24 小时工作,能自动对公寓楼按不同日期、不同宿舍性质分别进行设置,减少了后勤管理人员的工作量。同时,因为是系统统一"拉闸断电",可以减少不同类别学生的用电矛盾。

2) 集中抄表 原来学校都规定在某些时段对每间公寓的用电量进行收集,对于一户一表计量方式的宿舍来说,抄表的工作量很大,也很容易出错。采用智能控电系统软件后,可以每天定时收集各宿舍的用电量,将其存储到数据库中,无论何时需要查看学生宿舍的用电量,都只需在控制电脑上轻轻一点就可以汇总打印出来,快速准确。另外,系统的预付费功能节省了人工抄表、计算、收费等一系列繁复的工作,在很大程度上减少了后勤管理人员的工作量。

3) 实时监控 以前值班人员禁止学生在宿舍违章用电的情况,都需要到每间宿舍去检查。采用智能控电软件后,值班人员在值班室可以实时地看到学生房间的用电情况,当线路发生故障时实时监控会有显示。实时监控和远程开关功能还省却了值班员检查宿舍和走廊开关的工作量。

4) 节省费用 智能控电系统可以有效避免私拉乱接现象的发生,从而有效延长公寓楼的空气开关、断路器、插座等公用电器的使用寿命,节省大量的综合管理费用。

(2) 管理更科学、使用更便捷

① 分级、分项管理功能实现了对不同使用对象采用不同的用电管理模式。

② 可以与校园一卡通进行整合,一张卡即可完成所用交费,使得交纳

电费更加便捷。

③ 学生查询电费时，只需在数据管理器上输入房间号，即可知道房间的剩余电量和使用电量，学生用电消费一目了然。

④ 系统的财务报表功能有效地缩短了财务核算周期，避免了财务漏洞。

（3）用电及管理更加安全

通过可靠的远程管理模式，有效避免了学生私拉乱接甚至偷电情况的发生，避免了值班人员（非电工）直接操作的危险；系统的远程限流和恶性负载识别功能有效遏制了违章电器的使用，避免了火灾隐患，省去了定期拉网式检查的工作。

随着大学生用电多样化的需求与日俱增以及日常电器的普及使用，因学生使用限制级电器引发的安全风险日益增大，较高的用电综合费用（电费和维护管理费用）使高等院校后勤管理的资金和人员投入均在逐年增加。同时，随着"绿色校园""人文校园""数字校园"等管理理念的逐渐提出，以往利用微断开关来限制使用电量以及采用时钟控制与拉闸限电等用电管理办法已经不能满足高等院校在学生公寓用电方面的发展趋势和使用要求，因此，采用技术先进的管理设备，从技术上根本解决用电管理问题，营造校园生活的绿色和谐以及安全环境已显得尤为重要。安全、合理、高效用电已经成为高等院校管理部门在校园规划、建设和管理中所面临的首要任务。

近年来，随着科学技术的不断发展，特别是电脑及计算机芯片的广泛使用，智能控制的理念已逐步变为现实。目前，北京市大部分高等院校学生公寓均已实行用电智能控制系统，对节能、提升工作效率、方便学生生活和排除安全隐患均有益处，同时也与学校公寓其他硬件设施设备相配套。因此，智能控电系统在高等院校中的应用潜力巨大。

6.2.2.2 能源监控系统平台建设

能源监控系统结构框图如图 6-7 所示。即利用智能电表、水表、热量表等计量表具将采集到的数据通过系统总线上传到采集器的智能电表网关，智能电表网关再将采集到的数据打包送到数据中心服务器，由数据中心服务器的能耗管理软件系统对数据进行分析处理，然后将处理后的结果呈现给能耗管理部门。

能源监控系统可以实时监控、查看、调阅校园里各能源（如水、电等）

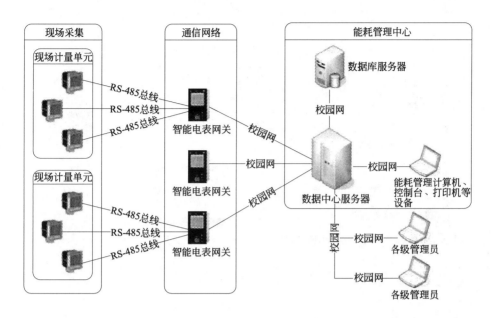

图 6-7 能源监控系统结构框图

的流入、流出及消耗情况。

校园能源监控系统可分为四层,见表 6-1。

表 6-1 校园能源监控系统层次

名称	功能
数据采集层	通过电能表、能量表、水表等获取各回路的电耗及其相关电力参数、能量消耗和水耗等能源信息
数据传输层	把能源数据转换成 TCP/IP 协议格式上传至能源管理监控系统数据库服务器
数据处理存储层	负责对能耗数据进行汇总、统计、分析、处理和存储
数据展示层	主要对存储层中的能耗数据进行展示和发布

校园能源监控系统的具体内容如图 6-8 所示。

能源监测系统平台具有如下优点。

(1) 能够及时发现既有建筑的能耗管理漏洞和能耗漏洞

能耗监测分项计量不仅能够清晰描述学校总的用能现状,而且可以从不同角度对实时数据进行分析,并提供多维度能耗对比,通过多方面对比分析,能发现建筑内的不合理用能,并由专业人士提出具体诊断改造方案,有

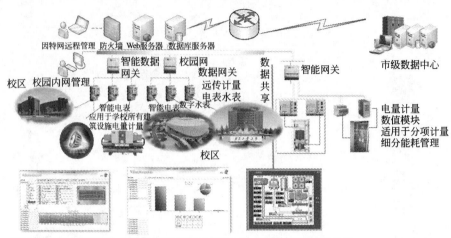

图 6-8 校园能源监控系统

效减少能耗管理漏洞。

另外，由于节能意识不强和管理水平不足，往往会存在较大的能耗漏洞，如夜间用电设备长期不关、消防风机不正常开启等。通过观测相关用能系统不同时段的动态指标可以找到相应的能耗漏洞，在加强用能管理后立即获得节能收益。

（2）为节能改造提供客观依据

很多新的节能技术投资大、收益慢、回报率低、效果不明显。而能源监控系统平台通过实时监测数据可选择合适的节能技术。通过对数据的深度挖掘和横向纵向对比，及时发现能耗问题，并通过各种测试提出最优化改造方案。由于以长期的分项能耗数据作为依据，可合理估算改造潜力及节能预期回收年限，合理投资等，最终得到最佳性价比的节能改造方案，兼顾节能技术改造的节能效益和经济效益。

（3）优化系统运行策略

建筑物中的各用能子系统，特别是空调系统中的各子系统之间存在一定的关联性，因其协调匹配不合理而产生的用能浪费很难发现，如冷机调节不合理、冷冻站输配系统匹配不合理、新风机系统调节不合理、变风量箱调控不合理等问题。通过挖掘各用能子系统不同时间段的能效指标，专业人员可以较容易地发现运行策略设置不合理的问题，进而提供合理的运行调节建议，达到降低能耗的目的。

(4) 发现系统中某些重点用能设备的故障

校园建筑中的某些大型设备发生故障（如冷冻机、新风机、水泵故障或者阀门堵塞、传感器故障等）或运行异常时，可造成能耗急剧增加或与其关联的其他设备使用能耗急剧增加。通过在线能耗监测，可以较容易地查找这些故障设备的能耗异变，进而发现其故障，进行检修，减少因设备故障而造成能耗增加的可能性。

(5) 方便不同管理人员的使用

对校区各级主管部门及物业管理人员来说，该平台能够提供一个衡量建筑用能状况的标准，使校园主管部门基于规范化的能耗分类分项计量的监测结果对相关问题进行监督。对物业管理人员来说，分类分项的能耗结果及各个功能区域能耗使用情况的监督使其管理更科学，丰富了原有的物业管理水平。

(6) 对校区人员的示范作用

用实际能耗数据来督促和引导师生，保持下班（下课、休息）时关灯、关电脑、关空调"三关"的绿色节约型生活模式，并用实际能耗数据向校内外师生进行正面宣传和引导。

自从2006年我国教育部出台关于节约型校园建设的相关文件后，部分高等院校如清华大学、浙江大学、北京交通大学、同济大学等在进行节约型校园能源监测系统的研究中取得了一定的成绩。

现阶段，大部分高等院校对能源的消耗管理和监控没有达到科学和自动化管理水平，主要是将人工抄表获取的数据经过管理人员使用计算机整理，再用各种报表传送和汇报能耗数据。这种能耗管理方式相对来说工作人员的工作量大，不能对各用能设备和用能部门实时地监控并及时采取节能诊断措施。这种方式造成的结果是在能耗数据的准确性、真实性、可靠性方面都存在着一定的弊端；能源管理部门之间不能实现能耗数据的实时有效的共享，同时缺乏一体化管理。

所以，高等院校能源监测系统平台的建设至关重要，因为能源监控系统平台是实施节约型校园节能监管体系的基础，是校园节能监管体系建设的核心部分。它的建成将为能耗统计、能源审计、能耗诊断、节能改造、校园后勤精细化管理、校园节能监管体系的构建以及节约型绿色校园建设提供技术支撑，为科研教学提供平台。

6.2.2.3 浴室废水余热回收

淋浴废水余热回收的工作原理如图 6-9 所示。

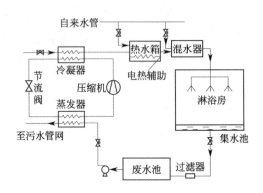

图 6-9 淋浴废水余热回收工作原理

废水首先经过滤收集后进入废水池，通过污水泵进入热泵系统，污水作为低温热源与热泵工质进行换热，换热后废水通过排水管排出，而热泵系统则将收回的热量用来加热洗浴用自来水，被加热后的热水进入恒温热水箱，以稳态流入混水器中，与自来水相混合，达到洗浴要求的温度后供洗浴使用。

该方案特别适用于高等院校等使用热水量大、出水水温及流量稳定、时间集中的场所，这样废热回收和利用效率以及系统的运行效率较高。但对于小型的、分散的洗浴废水，考虑到废水热量和废水收集等问题，从经济成本及实用性上来说都不合理，因此并不适用。

高等院校公共浴室使用时间集中，特点明显。一般都采用空气源热泵，没有考虑余热的利用。实际上，淋浴废水的排放温度在夏季高达 30℃，冬季也可达 25℃，淋浴温度为 40℃ 左右，而夏季自来水温度为 25℃ 左右，冬季则为 5℃ 左右，高温污水直接被排放掉，这样废水中蕴含的大量的热能直接排入污水管网，造成了很大的浪费。据测量，一般的废水余热回收系统回收洗浴排放掉的废水中的热量，利用这些热量加热新的自来水，每吨废水可以回收约 11 万千焦的热量。采用污水余热回收系统，可以减少 50% 以上的加热费用，在节能的同时可以大大节约浴室的运行费用，而且可减少燃气、燃料消耗量，降低燃料燃烧产生的气体排放量，具有一定的减排效果。

高等院校浴室废水热回收项目的落实与推广可大大减少洗浴用热水对化石燃料的依赖，降低化石燃料对环境的破坏，体现节能减排理念，可以推动高等院校的可持续发展。因此，对高等院校浴室进行余热回收和节能改造是很有必要的，应用前景广阔。

6.2.2.4 食堂节能技术

食堂是大学生日常生活的重要组成部分，也是高等院校节能的重点环节。学校食堂的基本设备如冰箱、排烟设备等都在连续运行，而且均留有设计余量。同时，由于管理不足，设备过量使用或使用不合理，存在能源浪费的情况。例如，员工到位后开启设备；解冻食品或清洗蔬菜时，采用长流水方式。实现能源有效利用的一个原则是在不降低需求的基础上，最大限度地利用设备和能源，降低成本，所以厨房的节能就要从包括设计在内的诸多方面进行考虑，从厨房的运行和操作中节约。

（1）食堂的设计布局与节能

食堂通常按照所预期的最大进餐人数进行设计，而很少考虑低需求量时的使用。许多食堂设有几个餐厅或很多包房，因此，在能源和人力消耗方面都有额外的浪费。因为在低需求量期间，原来只需要一套烹调设备就可以满足需要的情况下，却要保持使用一套以上的烹调设备。

理想的厨房设计应能适用低生产量的时期，有较小型的炉灶、烘箱、烤炉等可在这些时间内使用，大的设备可以留在制作较大规模的餐食时使用。因为对厨房设施需求量的变化，大小组件相结合的设计是用能最有效和费用最低廉的厨房布局。这种设计可以大大降低在较少客人进餐时每位客人的能源消耗量。大小组件相结合的厨房设计也能降低使用炉灶和烘烤设备所需要的通风量。同时，使用可变空气容量的供暖和空调系统，能使通风量与空间的占用率相匹配，这样可以进一步降低这些系统的能耗费用。

（2）厨房操作的集中度

厨房操作的集中度决定了能耗的水平，一般情况下，相同的销售量由较少的厨房来实现有助于降低能源消耗，减少员工的使用数量。所以，需要考虑厨房的操作可否集中，不同的厨房生产相同的食品是否可以合并以减少设备的运行，同时还要检查是否使用最廉价的能源用于烹饪和洗碗。需要比较电力、煤气、柴油或其他燃料的价格，选择最合理的能源使用价格。一般认为，厨房使用蒸汽灶可以使烹饪时间大幅度减少和能耗大幅度降低。

（3）厨房的设备应与实际需求相匹配

炉灶、用具等厨房设备的尺寸应和需要相一致。例如，锅、罐等的大小和需要加热的食品的量相一致；用电热炉加热食品时，装食物的容器应比炉子大；用于加热的罐等应紧贴炉子，确保它们有良好的接触以降低热量的损失；当达到沸点后，应把电热炉转到最小档等。上述要求的最根本的目的是减少能源的损失及充分利用能源。

（4）节能灶具

一般学校厨房选用的节能炉灶可分为以下 2 个种类。

1）免空烧原理的节能炉灶　厨师在烧菜过程中存在大量的空烧浪费，一般空烧浪费率占整个烧菜 30% 以上的时间，免空烧节能炉灶解决了空烧浪费的问题。

2）充分燃烧原理的节能炉灶　如果炉灶是红色火焰，原因一般是燃烧率低，很多燃气或者燃油没有被充分燃烧。使用节能型的炉灶即可实现充分燃烧，一般充分燃烧的火焰是蓝色或紫色的。先进的节能燃烧灶改变了风机和节能炉头，具有火焰猛、蓝火甚至紫火燃烧、热值高等特点。

6.2.2.5　中央空调节能

随着高等院校高层建筑的逐年增加和功能的日趋完善，分体式空调和中央空调的安装使用越来越多。对于高等院校而言，分体式空调拥有率较高且使用频繁，但实际效率不高。空调的主要安装使用场所是办公区、实验室、会议室和教学办公区。夏季制冷和冬季取暖，往往存在空调常开的现象，以及调节温度过低、同时开窗等现象，导致空调系统能耗增加。这就要求在进一步加强节电管理的同时，选择更加智能节电的分体式空调。

现在很多高等院校对中央空调的节能措施主要包括以下几个方面。

（1）中央空调余热的回收

充分利用热交换原理，将空调的余热（冷凝热）进行回收，用于生产生活热水，供教学楼、办公楼盥洗室和学生浴室等使用。由于部分余热回收利用，从而降低了冷凝温度，使中央空调机组的效率提高 5%～10%。中央空调余热回收装置见图 6-10，技术原理见图 6-11。

图 6-10　中央空调余热回收装置

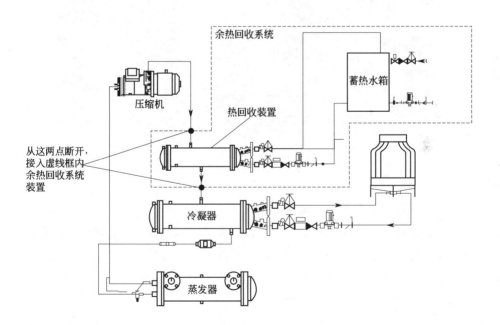

图 6-11　中央空调余热回收技术原理

余热回收改造后空调系统主机负荷减少，不仅节省主机的耗电量，而且减少了主机的故障率，延长了主机的使用寿命。

（2）中央空调循环水系统变频节能技术

目前，部分高等院校的中央空调循环水系统的冷冻泵和冷却泵转速是不可调节的，空调系统运行时，无论负荷情况如何、季节如何，冷冻泵和冷却泵都是以额定转速运行，存在能源浪费现象。采用中央空调循环水系统变频节能技术，节电效果明显，年平均节电率38%以上。中央空调循环水系统变频节能装置见图6-12，技术原理见图6-13。

图6-12　中央空调循环水系统变频节能装置

（3）VRV变频直冷式空调节能技术

目前，高等院校采用的大多数空调为经典的水冷式中央空调系统，该空调系统成熟可靠，历史悠久，应用广泛。随着人们节能意识的进一步提高，研制出许多节能环保、实用型的新一代空调系统，VRV变频直冷式空调就是比较典型的节能产品之一（图6-14）。

水冷式中央空调系统设有冷冻水循环系统、冷却水循环系统，主要设备有冷冻水泵、冷却水泵、冷却塔、动力配电柜以及循环水管路、阀门管件等，系统复杂且占用室内较大的空间和消耗大量资源。而VRV变频直冷式空调系统无循环水系统，冷媒直接在风机盘管内蒸发吸热进行制冷，冷凝热采用风冷却，系统简单，热交换效率高，直接制冷换热较间接制冷换热的热

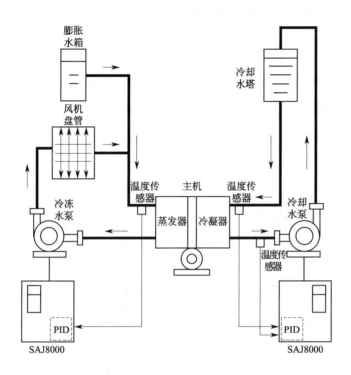

图 6-13　中央空调循环水系统变频节能技术原理

图 6-14　VRV 变频直冷式空调装置

交换效率高出 8%～15%，换言之，制冷效率提高 8%～15%。

VRV 变频直冷式空调系统技术原理见图 6-15。

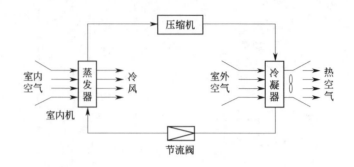

图 6-15　VRV 变频直冷式空调系统技术原理

（4）中央空调清洗

据统计，我国目前空调用电量占全国总用电量的 6%，高峰时达 15% 左右。总体来说，空调系统的节能主要是从系统的选择、设备的选配及系统的运行管理等几个方面入手，但忽视了中央空调系统污染对节能的负面作用。

中央空调清洗现场实例见图 6-16，清洗示意见图 6-17。

图 6-16　中央空调清洗现场实例

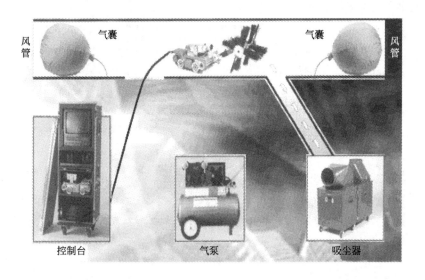

图 6-17　中央空调清洗示意

根据 ASHARE 美国暖通空调协会 1996～1998 年公布的平均统计结果，定期对风管正确地清洗、消毒可以使空调每年的平均运行费用（能耗）降低 15%～20%。根据日本空调清洗协会的调查结果，风机叶片上每积 0.2mm 厚度的灰尘，风机的风量就会下降 20%。

6.2.2.6　安装节能机电设备

（1）安装 LED 灯具

LED（light emitting diode）灯具即半导体发光二极管灯具，是一种半导体固体发光器件，这种半导体元件可以直接把电能转换为光。LED 灯具有高光效的特点，白炽灯、卤钨灯的光效为 12～24lm/W，荧光灯的光效为 50～120lm/W，LED 灯的光效达到 50～200lm/W，且光谱窄、单色性好。同样的照明效果，LED 灯比传统光源节能 80%～90%。单只 LED 灯的功率可小到 0.06～1W，使用电流相当小，产生的热量也很弱，较普通照明灯具耗电量更低且热辐射也低。

在合适的工作电压和电流的情况下，LED 灯的使用寿命可达 10 万小时。由于 LED 灯的晶片被完全封闭在环氧树脂内部，晶片内无任何松动部分，使用时不怕振动，不易破碎，能够承受较强的机械冲击，比白炽灯和荧光灯更为坚固耐用。

高等院校作为人口密集的公共场所之一，有照明时间长、耗电量大的特点，而LED灯又恰好可以高效地解决这个问题，所以LED灯这一节能措施应尽快地高等院校中实施起来，以推动高等院校的可持续发展。

(2) 更换节能型变压器

变压器的损耗包括两部分：一部分是铁损，铁损又称空载损耗，基本是衡定值，只因受电压的变化而略有变化；另一部分是铜损，又称负载损耗，它与负载电流大小的平方值成正比，是个变量。变压器有高损耗变压器与低损耗变压器之分，后者损耗小主要是由于降低了铁损，铜损值一般减少不多。另外，为了满足电网和用电户的需要，还有带负载调压的变压器，它的铁损耗值比相同规格的不带负载调压的变压器略高。

(3) 提高功率因数

提高功率因数最常用和最简单的方法就是加装无功补偿装置——电力电容器。可以把电力电容器置于电动机旁进行随机补偿，使无功功率就地平衡。随机补偿容量小，资金投入少，运行维护简单。也可以把电容器置于变压器旁，对变压器本身所消耗的无功进行补偿。补偿包括绕组损耗和铁芯损耗两部分，其中绕组损耗随负荷变化而变化，因此无功补偿的容量不应是固定的，而应是可变的。

(4) 安装太阳能路灯

太阳能路灯本身功率比较小，但照明度比较高。这些路灯在白天通过采光板吸收太阳能，将能量储存在蓄电池内，晚上通过蓄电池供电照明，能实现不用电就发光。与传统市政路灯相比，每盏太阳能路灯一年的节省电量约 $10000 kW \cdot h$。

太阳能路灯安装简捷，不需挖沟铺设电缆，减少了挖沟、设缆施工和材料的综合费用。太阳能路灯具有全自动控制工作的系统，夜晚自动点亮，黎明自动熄灭，不需专人负责管理开关灯。

(5) 安装节能电梯

1) 扶手电梯自动感应节能技术　相对于间歇工作的普通垂直电梯，扶手电梯由于具有连续运载、方便快速、运力大的特点，在学生食堂等场所具有直梯无可替代的作用。但正是由于它连续运行，在空载率较高时浪费电力和机械磨损高的缺点也十分突出。国内各高校的扶手电梯都广泛使用红外线自动感应节能技术，实现对电梯的"智能化"管理。

扶手电梯自动感应节能技术主要是利用人体热释红外检测模块的传感器，将该传感器安置在自动电梯的两端。当人与电梯的距离在1m以内时，电梯两端所安置的人体红外检测模块的传感器就会对人体发出的红外线进行感应，当人在此距离内停留的时间大于10s时，该传感器就会将有人乘坐电梯的信号传给制动的装置，装置输出高电平，带动电梯运转。

电梯运转可设置以下两种模式。

① 进出口处设红外线探头，使用人靠近端口时，电梯自动启动全速运行；进出口处探头一段时间没有感应信号，表示梯上已无人，电梯停止，进入待命状态，直至有人靠近再重新启动。这种模式，在无人乘坐时电梯自动停止，节省电力，同时也减少机器磨损，主要是用于人流很不均匀、电梯空载率较高的场所。

② 进出口处设红外线探头，安装电动机交流变频装置。电梯开启后一段时间无人乘坐，电梯便降频慢速运行；有人进入入口时，电梯快速进入全速运行状态；进口和出口处探头一段时间没有感应信号，表示梯上已无人，电梯重新进入变频运行状态。这种方式适合人流稍多、不需安全停机的场合。

2）垂直电梯再生能量回馈技术　电梯系统由轿厢、曳引机以及对重等组成，通常对重的质量是电梯满载时的47%左右，因而当电梯在空载或者轻载运行时轿厢的质量小于对重，电梯在重载或者满载运行时轿厢的质量大于对重，这就导致曳引机始终在耗电做功与发电运行状态之间切换。电梯运行过程中重载下行或者轻载上行时，曳引机工作在二、四象限处于发电状态，能量累积在直流母线侧，电容上形成较高的泵升电压，这部分能量叫可再生电能。产生的再生电能传输到变频器的直流侧滤波电容上，产生泵升电压，威胁系统工作的安全性。目前，控制泵升电压的方法是通过在直流母线上接一个能耗电阻将能量释放。这种方法由于电梯在工作中制动频繁并带位势负载运行，一方面造成能量严重浪费，另一方面电阻发热，使得环境温度升高，影响系统工作的可靠性。电梯再生能量回馈系统的作用就是将储存在变频器直流侧电容中的电能及时逆变为交流电，并回馈给电网，达到节能的目的。

垂直电梯安装再生能量回馈系统平均可省电 44%～70%。电梯节能能量逆变回馈系统见图 6-18。

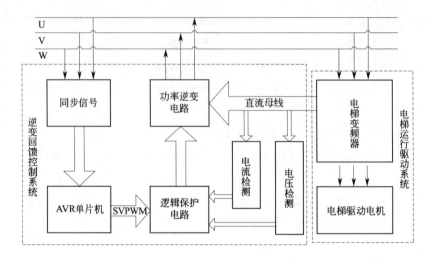

图 6-18　电梯节能能量逆变回馈系统

(6) 使用低能耗设备

高能耗的电器将导致巨大的能源消耗，同时也加重了对环境的污染。世界各国都通过制定和实施能效标准、推广能效标志制度来提高用能产品的能源效率，促进节能技术进步，进而减少有害物的排放和保护环境。

能效标志图示见图 6-19。能效标志分为 1、2、3、4、5 共 5 个等级：等级 1 表示产品达到国际先进水平，最节电，即耗能最低；等级 2 表示比较节电；等级 3 表示产品的能源效率为我国市场的平均水平；等级 4 表示产品能源效率低于市场平均水平；等级 5 是市场准入指标，低于该等级要求的产品不允许生产和销售。

6.2.2.7　锅炉烟气余热回收装置

烟气余热回收装置是对原有锅炉的风烟和水系统（凝结水、除盐水等）进行改造，利用锅炉尾部烟气的热量加热水，减少相应热交换器（除氧器、低压加热器等）的蒸汽消耗。目前，国内外常用的相关烟气余热利用的几种装置有焊接式、热媒式、热管式、回转式等换热器。另外，低温省煤器和控制式吹灰装置是加装性的两种装置。烟气回收装置见图 6-20。

图 6-19　能效标志图示

烟气余热回收装置有如下优点：

① 安装方便，余热回收装置的安装不需要对原锅炉或工业窑炉进行改动；

② 安全可靠，余热回收装置所采用的超导热管等温性能好，导热时产生自振而不产生圬垢和通风阻力，始终保持良好的传热效率，不影响锅炉或窑炉的工作；

③ 使用寿命长，超导热管余热回收装置的使用寿命在 10 年以上，单根热管可拆卸更换，维护简单、成本低；

④ 节能效益好，回收的烟气热量越大，节能量越多，节约燃料量越大；

⑤ 投资回收期短，一般 3～8 个月就可收回全部投资。

通过对高等院校的锅炉进行换热装置改造，按排烟温度平均降低 30～40℃ 保守测算，每年可节约数万吨的标准煤。由于烟气余热回收装置适用性广泛，可以灵活配置于各类锅炉中，节能效果明显，应用前景广阔。

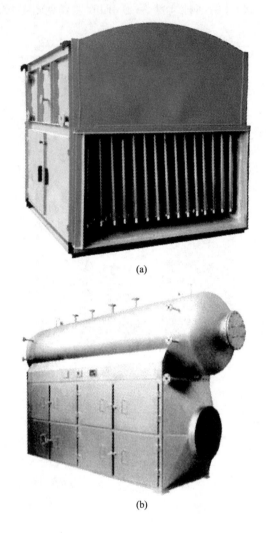

(a)

(b)

图 6-20　烟气回收装置

6.2.2.8　太阳能节能供水技术

太阳能的热利用形式按照循环方式分为自然循环系统、直流式系统、强制循环系统，按集热器形式可分为平板式集热器系统、真空管式集热器系统。其中，真空管式集热器系统在低温下集热效率较高；平板式集热器系统结构轻薄，寿命长，并能与太阳能吸收涂层技术结合。太阳能系统由集热器、保温水箱、连接管路、控制中心以及热交换器组成。

太阳能供水装置见图 6-21。

图 6-21　太阳能供水装置

学校安装太阳能设施，一般集热器集中放置，储热水箱及辅助能源设备放置于设备间或楼顶，控制系统置于室内设备间，多数采用双水箱设置，通过 PLC 智能系统控制太阳能集热器与辅助能源加热的自动切换，供水系统采用变频控制系统，从而实现全天候恒温恒压热水供应。图 6-22 为太阳能

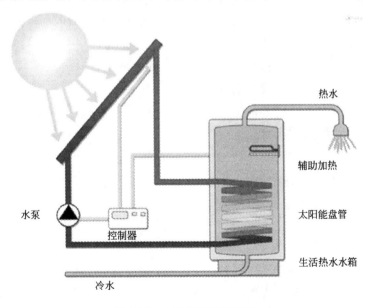

图 6-22　太阳能系统的原理

系统的原理图。

集热器是系统中的集热元件，其功能相当于电热水器中的电加热管。与电热水器、燃气热水器不同的是，太阳能集热器利用的是太阳的辐射热量，故加热时间只能是有太阳照射的白昼，所以有时需要辅助加热，如锅炉、电加热等。

保温水箱与电热水器的保温水箱一样，是储存热水的容器。因为太阳能热水器只能白天工作，而人们一般在晚上才使用热水，所以必须通过保温水箱把集热器在白天产出的热水储存起来，其容积是每天晚上用热水量的总和。采用搪瓷内胆承压保温水箱，保温效果好，耐腐蚀，水质清洁，使用寿命长达20年以上。

连接管路是将热水从集热器输送到保温水箱、将冷水从保温水箱输送到集热器的通道，使整套系统形成一个闭合的环路。设计合理、连接正确的循环管道对太阳能系统是否能达到最佳工作状态至关重要。热水管道必须做保温防冻处理。管道必须有很高的质量，保证有20年以上的使用寿命。

太阳能热水系统的控制中心主要由电脑软件、变电箱、循环泵组成。作为一个系统，控制中心负责整个系统的监控、运行、调节等功能，目前已经可以通过互联网远程控制系统正常运行。

板壳式全焊接换热器吸取了可拆板式换热器高效、紧凑的优点，弥补了管壳式换热器换热效率低、占地大等缺点。板壳式换热器的传热板片呈波状椭圆形，增加了传热面积，大大提高了传热性能，广泛用于高温、高压条件的换热工况。由于技术的局限，可采用承压（机械循环）式间接双回路系统，便于设计施工，实现高质量调控计量。

6.2.3 污染治理技术

6.2.3.1 实验室污染治理技术

化学实验室清洁生产管理方案流程如图6-23所示。

（1）绿色实验室技术

1）"实验链"的设计和应用 所谓的"实验链"是指上一实验的生成物是下一实验的反应物，这样做可以节省实验材料，减少污染。如纺织化学工程系含纺纱、机织、染整、助剂、产品设计、纺织品检验、环境保护等专业

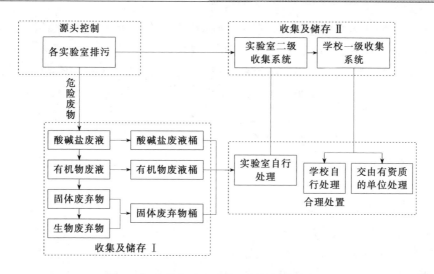

图 6-23 化学实验室清洁生产管理方案流程

及化学类课程,包括无机化学、有机化学、分析化学、仪器分析、精细化工等,在实验材料的利用上形成了稳定的"实验链"。

例如,在分析化学实验中,利用溶液配制所得的酸、碱溶液可用来做酸、碱中和滴定练习,精细化工实验合成的产品可作为助剂复配的原料,而合成的助剂又可用于染整专业的助剂性能测试实验,染整专业的染色废水又可集中收集起来用于环保专业的废水成分的分析。纺纱专业纺成的纱作为机织专业的原料,机织专业织成的坯布又作为染整专业前处理、染色或印花、后整理的材料,染成的有色纱线可作为产品设计专业打小样的材料,打成的小样和染整专业经过后整理的织物可作为纺织品检验专业的检验对象等。与大自然生态系统的食物链维持了系统的生态平衡一样,"实验链"也可以理解为一个仿生态系统,它最大限度地减少了资源、能源的消耗。

绿色实验室技术流程见图 6-24。

图 6-24 绿色实验室技术流程

2) 生态型原料和工艺的选用 为了尽最大可能减少污染物的产生,实验中尽可能用无毒的试剂和溶剂代替有毒的试剂和溶剂，可以从源头上消除有毒物质的产生。如乙酰氯的相关性质实验已取消，乙酸酐因是制冰毒的二级原料，酐的水解实验由醇的水解实验代替等。为适应生态纺织品的需求，尽量选用棉等天然纤维为原料，优先使用酶退浆、冷轧堆、退煮漂三合一等"绿色"工艺，绝对不使用禁用染料，优先选用上染率高、染色牢度强的染料以及低游离甲醛含量的助剂等。

3) 微型实验方案的设计　微型实验包括实行仪器微型化和药品微量化两种方式。

适当减少药品用量是减少污染的又一途径，应推广"微型化学实验"和"小量化学实验"。微型化学实验是20世纪80年代从美国发展起来的一种化学实验方法，它在微量化的仪器装置中进行，试剂用量仅为常规化学实验的1/1000～1/10，由于试剂用量大为减少，产生的污染物也大大减少。"小量化学实验"则将试剂用量减少到1/2或1/4。这两者结合起来将有助于减少实验污染，微型化学实验操作简单快捷，实验安全可靠，现象明显又能节约试剂，同时微型仪器又有便于携带等特点，应当积极推广使用。例如，相对于离心试管，在点滴板上的点滴反应对试剂的消耗量更少，灵敏度更高，实验废液和仪器洗涤废液也相对减少，而在滤纸上进行的点滴反应甚至没有废液产生。因此，凡是不需要加热的点滴操作都尽可能放在点滴板或滤纸上进行。而且，许多反应并不一定要按照实验教材上的量来进行，那样不仅耗损的试剂较多，而且实验现象不一定能够达到理想状态。按照微型实验方案调整试剂用量，不仅起到了节约的目的，而且有效地提高了实验的质量，保证了实验效果。例如，在做醇和酚与氯化铁作用的性质实验时，常规实验导书中写到："在3支试管中加入0.5mL1%苯酚、间苯二酚、对苯二酚溶液，再加入2滴1%氯化铁溶液，观察现象"，而微型实验利用学生平时收集的废药片盒或奶片盒上的孔，用胶头滴管分别滴入1滴1%的苯酚、间苯二酚、对苯二酚溶液，再加入1滴1%氯化铁溶液，把盒放在白纸上观察现象，效果很明显，而且实验用量不到原来的1/10。

4) 加强公用试剂的管理　减少实验室内挥发性试剂的滴瓶数量也是减少挥发性污染源的有效方法，为此把浓氨水（$NH_3 \cdot H_2O$）、浓硝酸（HNO_3）、浓盐酸（HCl）、溴水、酒精、冰醋酸等挥发性较高、取用次数较少的试剂统一放在通风柜里供全班学生使用，避免了实验室内刺激性有毒有害气体到处弥漫的现象。

一般来说，常用滴瓶的规格有 60mL 和 120mL 两种，瓶内一般至少需要装入 10mL 以上的试剂方能吸取。显然某种试剂在实验室内摆放的滴瓶数量越多，要配制的体积就越大。事实上，一些饱和溶液和一些不宜久置的新制试剂，其用量和使用频率均很少，学生在取用时一旦不慎将其沾污，或由于试剂超过使用期而失效，由此可能造成的浪费和污染是不容忽视的。因此，将亚硫酸钠（Na_2SO_3）饱和溶液、碳酸钠（Na_2CO_3）饱和溶液、氯化钠（NaCl）饱和溶液、碳酸钙（$CaCO_3$）饱和溶液、盐酸羟胺、卢卡斯试剂、费林溶液Ⅱ等新制试剂均列为公共试剂，统一放置在公共试剂架上供全体学生使用，不但降低了实验成本，而且减少了高浓度废液的排放量。

（2）实验室废水处理技术

化学实验室废水按其主要成分可分为无机废水、有机废水和综合废水。无机废水主要含有重金属汞、铅、铬及氰化物、砷化物、氟化物等。有机废水主要含有酚、苯、硝基化合物、多环芳烃、多氯联苯等致癌物质。综合废水是指废水中既含有机污染物又含无机污染物，并且两者含量都很大。大多数实验废水是综合废水，处理这些废水，方法因水而宜。

废水处理方法直接决定着废水的处理效果，如方法选择不当会导致处理效果达不到要求，同时也将造成浪费。不同的化学实验室废水，污染物组成不同，处理方法也不相同，要对废水全面了解，不能想当然地进行处理，盲目处理会发生危险，要采用科学、严谨的态度对废水进行分析、鉴定。可运用物流分析和实际测定两种方法。物流分析就是根据实验内容来确定实验废水的性质、组分。分析废水污染物及主要特征污染物指标，污染物指标可分析 SS、BOD、COD、TOC、pH 值、油、NH_3-N 等，根据废水水质成分情况来分析可能采用的废水处理方法。先在实验室内开展"小试"即基础研究，采用多个方案进行实验，以便对比各种方法的处理效果，从而确定最好的处理方法。在小试的基础上，开展模拟或中型试验研究，选择出最佳方案，以最小的实验规模、能提供工业化设计数据为准则。根据试验结果和水质水量调查结果以及其他基础资料，就可为废水处理选择一个较好的方案。现代的废水处理技术，按作用原则一般可分为物理法、化学法和生物法几种，这里主要讨论废水的化学处理法。目前，较为成熟的化学分类处理方法有以下几种。

1）活性炭吸附法　利用活性炭的吸附作用和还原作用可以处理含重金

属离子的废水,如可处理含铬废水、含氰废水、含镉废水等。活性炭是目前废水处理中普遍采用的吸附剂,活性炭的预处理、再生恢复性能的工艺比较简单,装备制造比较便宜、操作简单、维修方便,因而获得了广泛的应用。活性炭在净化含铬废水时既作为吸附剂,又可看作是一种化学物质,在酸性条件下(pH<3),活性炭可将吸附在表面的 Cr^{6+} 还原为 Cr^{3+},反应式是:

$$3C + 4CrO_4^{2-} + 20H^+ \longrightarrow 3CO_2 + 4Cr^{3+} + 10H_2O$$

说明在较低的 pH 值条件下,活性炭主要起还原作用,H^+ 浓度越高,还原能力越强。利用此原理,当活性炭吸附铬达到饱和后,通入酸液,将其吸附的铬以三价铬形式解吸下来,以达到再生的目的。当 Cr^{6+} 还原成 Cr^{3+} 后,用沉淀剂将其沉淀除去。同理,可处理含氰、含镉废水。

化学实验室的有机废水中含有大量废溶剂,如有机烷、苯、醚、有机酸,也很适合用活性炭处理。先把废水中的有机相分离出来,再用活性炭吸附,COD 的去除率可达到 93%,活性炭吸附法多用于除去物理、化学法不能去除的微量呈溶解状的有机物。

2)氧化还原沉淀法 氯是使用最普遍的氧化剂,主要用于处理含氰、含酚、含硫化物的废水,可以向废水中直接加入氯气和氢氧化钠,反应如下:

$$NaCN + 2NaOH + Cl_2 \longrightarrow NaCNO + 2NaCl + H_2O$$

此反应在 pH>10 的条件下进行得完全而迅速,氧化时间为 0.5~2h,而反应过程中要连续搅拌,反应生成的氰酸盐的毒性比氰化物小得多,但为了净化水质,可将氰酸盐进一步氧化为二氧化碳和氮,其反应式为:

$$2NaCNO + 4NaOH + 3Cl_2 \longrightarrow 2CO_2 + 6NaCl + N_2 + 2H_2O$$

完成两段反应所需总药剂量(理论值)为 CN^-:Cl_2:$NaOH = 1:6.8:6.2$。实际上,为使氰化物完全氧化,常加入 8 倍的氯。铁、锌是应用较多的还原剂,可把废水中的汞、镉等置换出来。用铁屑还原法,含汞废水自下而上地通过铁旋屑或刨屑滤床过滤器,汞离子和铁屑进行如下反应:

$$Hg^{2+} + Fe \longrightarrow Hg + Fe^{2+}$$
$$3Hg^{2+} + 2Fe \longrightarrow 3Hg + 2Fe^{3+}$$

析出的汞从过滤器底部收集。在用铁屑置换时,废水的 pH 值最好为 6~9,能使单位质量的铁屑置换出更多的汞;pH<5 时,有氧气析出,会影响铁屑的有效表面积;pH 值为 9~11 的含汞废水可用锌粒还原处理。

3)化学沉淀法 化学沉淀法是利用各种物质在水中的溶解度不同,对废水中溶解性污染物进行沉淀分离处理,废水中一些金属离子,如 Zn^{2+}、

Cr^{3+}、As^{3+}、Pb^{2+}等与石灰作用能形成不溶或微溶于水的沉淀,反应式为:

$$As_2O_3 + Ca(OH)_2 \longrightarrow Ca(AsO_2)_2 \downarrow + H_2O$$

$$Zn^{2+} + 2OH^- \longrightarrow Zn(OH)_2 \downarrow$$

含铅离子废水中加入碳酸盐,生成碳酸铅沉淀:

$$PbSO_4 + Na_2CO_3 \longrightarrow PbCO_3 \downarrow + Na_2SO_4$$

含铬废水中加入碳酸钡,析出铬酸钡(钡盐法):

$$BaCO_3 + H_2CrO_4 \longrightarrow BaCrO_4 \downarrow + CO_2 + H_2O$$

4)综合处理法 当废水性质不明时,可采用实际测定通过试验来确定。这时一般采用综合处理法,首先过滤分离,测定 BOD 和 COD,若滤液 BOD 和 COD 均在要求值以下,可确认废水可采用物理方法处理。如 BOD 和 COD 高于要求值,则用化学氧化、焚烧等方法处理,将污染物氧化转化为无害物,进行沉淀,在常规静沉时间内达到排放标准时,可采用自然沉降法进行预处理,若达不到排放标准,则再用混凝沉降、氧化还原等化学法处理。综上所述,废水综合处理法为:废水→反应池(氧化还原法)→沉淀池(控制 pH 值)→排放水。

在反应池中,以特制铁粉为载体,铁粉是一种很好的还原剂,在弱碱条件下可形成絮胶状沉淀 $Fe(OH)_3$,又有吸附作用,既可去除重金属离子,又可去除废水中其他污染物,降低废水中的 COD 含量,提高废水的可生化性。当然也可选择铁盐和铝盐两类金属盐类混凝剂及聚合氯化铝无机高分子混凝剂,有机絮凝剂聚丙烯酰胺(PAM)的絮凝效果也不错。

6.2.3.2 餐饮油烟处理技术

1)传统的煎、炒、烹、炸过程中会产生大量的油烟雾,所含成分相当复杂,包含气、液、固三态污染物,其中含有 75 种以上有机物,有饱和脂肪酸、不饱和脂肪酸,氧化裂解后的多种短链醛、酮、酸、醇等有刺激性气味的产物及尘和水汽等,其颗粒物的粒径较小,一般小于 $10\mu m$。

2)油烟雾中含有许多对人体有害的物质,且大部分为"三致"(致癌、致畸、致突变)的物质,以气溶胶形态存在于大气中。其危害主要表现在:①油烟污染对视觉和景观造成不利影响,伴有刺激性气味,常引起流泪、咳嗽、结膜炎、支气管痉挛等;②油渍附着既影响环境卫生,又成为火灾隐患,并产生热污染;③产生大量的颗粒物和挥发性有机物,影响城市环境质量；④较高浓度油烟具有肺脏毒性,影响细胞免疫功能,具有遗传毒性和潜在致癌性。

3）餐饮油烟治理目前常用处理工艺及特点见表6-2。

表6-2 餐饮油烟治理目前常用处理工艺及特点

序号	净化设备工艺类型		特点
1	机械式	惯性分离	设备简单,压降较小,能耗低,制作材料广泛,可根据油烟实际情况加以改造;对小粒径颗粒去除效率低,一般用作预处理与其他方法结合使用,清洗维护工作量较大
1-1		离心分离	设备简单,压降较小,维护简单,已实现自动清洗
1-2		蜂窝沉积	体积小,结构简单;压降较大,清洗工作量大
1-3		织物过滤	投资省,运行稳定可靠;压降较大,必须定期更换滤料,运行成本提高
1-4		活性炭吸附	占地面积小,能有效去除油烟、CO、致癌物等;压降较大,活性炭容易饱和,更换导致运行费用提高;一般作为多级净化中的最后一级
2	湿式		改变喷淋液性质可同时去除硫氧化物、氮氧化物,对辣椒、胡椒等刺激性气味的去除有一定作用,可降低油烟雾温度、控制热污染,对颗粒物净化效率较高,吸收容量大,日常维护相对较简便且无消防隐患;对亚微米级颗粒物净化效率较低;洗涤废液容易产生二次污染;洗涤液消耗、更换增加运行费用;需定期补水;能耗较高;外排废气不易扩散
3	静电式		设备紧凑,占地面积小,压降较小,能耗低,设备运行噪声小,运行费用低,对细微颗粒物也有较高的去除率;集尘极上油烟冷凝物黏度较高,集尘极清洗困难,维护工作量较大;运行一段时间后,净化效率明显下降;集尘极清洗产生二次污染;存在火灾安全隐患;设备投资相对较高
4	复合式	静电复合式	能兼顾不同方法的优点,提高净化效率,运行稳定;不同的工艺组合方式适合不同的处理场合;设备投资增加,占地面积增大
4-1		机械处理+静电处理或湿式处理	
4-2		机械处理+静电处理或湿式处理+活性炭吸附	
4-3		运水烟罩或滤清器+静电	
4-4		湿式喷淋+机械式	
4-5		静电+湿式喷淋	
4-6		静电+湿式喷淋+活性炭吸附	

注：组合式包括两种方式,一种方式为包含2种或2种以上处理方式的复合式净化设备,另一种方式为2种或2种以上不同工艺净化设备的组合。

4）油烟净化设备选用原则

① 小型单位宜选用全动态前置式油烟净化机、罩式一体化油烟净化器、油烟水膜滤清器或蜂巢式油烟滤清器＋湿式净化器。

② 中型单位宜选用全动态后置式油烟净化机、油烟水膜滤清器、静电复合式净化器、复合式油烟净化设备。

③ 大型单位宜选用全动态前置＋后置油烟净化机、油烟水膜滤清器、静电复合式净化器、复合式油烟净化设备；设计风量选取应综合考虑灶眼数量、灶眼类别，标准的单个灶台（对应排气罩灶面总投影面积为 $1.1m^2$）的理论风量为 $2000m^3/h$，当实际灶台面积与标准灶台有差别时，可通过排气罩实际灶面投影面积进行换算，换算公式为：Q（理论风量，m^3/h）$= A$（排气罩实际灶面投影面积，m^2）$\times 2000 \div 1.1 = 2000A \div 1.1$。

④ 风机风量应根据理论计算风量进行选取，风机风量＝理论计算风量$\times 1.2$。

⑤ 风机风压选择不合理，会导致抽排不畅或余压过大，从而造成噪声偏大，风机风压用来克服油烟管道的阻力损失、局部损失和油烟净化设备阻力损失，并保有一个合理的余压，净化系统余压一般为 120~180Pa。

⑥ 含烧烤或燃料使用非石油液化气和天然气的单位，应采用湿式净化设备或含湿式净化的复合式设备，如选用静电或静电复合式设备，则必须配置自动消防系统。

⑦ 当不具备高空排放的条件时，应提高净化设备的配置级别，达到低空排放的要求：在满足油烟排放标准的基础上，达到目视无可视烟雾，嗅觉上无刺激性气味。

6.2.3.3 餐饮废水处理技术

厨房废水含有大量的油脂、悬浮颗粒和有机污染物，其污染物主要以胶体形式存在，具有 SS、BOD、COD 值高，油脂和盐分含量高，水质、水量变化较大等特点，其排放时间有一定的规律性，排放瞬间流量大，中餐和晚餐时间一般是排放的高峰时段。洗涤剂的使用使得水中存在大量乳化油，一般油水处理设备难以分离。此外，动植物油脂在收集和处理过程中容易造成管路和设备堵塞，也增加了厨房废水的处理难度。

厨房废水成分复杂，有机物含量高，水中的细菌病毒很多，如不经处理而排入受纳水体，将会严重影响水体环境。厨房废水的危害可归纳为如下几点。

① 影响管路的排水能力。厨房废水的油脂容易在管道内壁形成油脂层,使管道过水能力减小,甚至堵死。油脂堵塞的管道疏通困难。

② 厨房废水排入水体后会在水面形成油膜,影响空气和水体的氧交换,降低复氧速率。分散于水中的油粒会消耗水中的溶解氧,使水质恶化。

③ 厨房废水中含有丰富的 N、P 等元素,可造成水体富营养化。

④ 油类及其分解产物中含有许多有毒和致癌物质,这些物质在水体中被水生生物摄取,造成水生生物畸变,如果通过食物链的富积效应进入人体,会危害人体健康。

根据食堂废水的水质,目前处理方法重点集中在两个方面,即油污水分离及其后续的深度处理。治理废水的方法有很多,但其基本的作用原理只有 3 种,即分离、转化、利用。油污水分离方法主要有:a. 油水分离器;b. 粗粒化法;c. 电絮凝法;d. 磁吸附分离法。后续的深度处理方法主要有:a. 混凝法;b. SBR 法;c. 生物接触氧化法;d. 膜生物反应器法。

在实际使用时,应根据食堂废水的特性,选择几种方法合理组合起来应用。

根据目前国内外餐饮废水治理方法的现状,考虑环保部门对餐饮废水的治理要求,高等院校食堂废水治理技术的选用主要考虑以下几个方面。

① 选用餐饮废水一体化处理设备,集除油、降解有机物、去除悬浮物于一体,既节约用地又节省投资。

② 选用无毒、高效、适用范围广、价廉的多功能混凝剂,或用已有药剂复配出性能优越的净水剂。

餐饮废水治理常用处理工艺及特点见表 6-3。

表 6-3 餐饮废水治理常用处理工艺及特点

序号	净化设备工艺类型		特　点
1		油水分离器	设备简单,制作材料广泛,可根据餐饮废水实际情况加以制作;清洗维护工作量较大
1-1	油污水分离方法	粗粒化法	能有效降低餐饮废水的含油量,并能大幅度降低 COD 的浓度,采用粗粒化技术作为餐饮废水的预处理,将有利于后续的生化处理
1-2		电絮凝法	当进水 COD 为 1000mg/L、出水 COD 为 200mg/L 左右时,极板损耗和电耗处理成本约为 0.15 元/m^3(废水),它不需要化学药剂和投药设备,在电价低廉的地方适用
1-3		磁吸附分离法	借助于磁性物质作为载体,利用油珠的磁化效应,将磁性颗粒与含油废水相混合,使油分在磁性颗粒上黏附,然后通过磁性分离装置将磁性物质及其吸附的油留在磁场中,从而达到与水分离的目的,其技术还有待进一步完善

续表

序号	净化设备工艺类型		特　点
2	后续的深度处理	混凝法	该方法具有占地面积小、处理时间短、能耗低、方便简捷等优点。混凝剂的选用直接关系到系统运行效果
2-1		SBR法	SBR工艺对水质、水量的变化具有较强的耐冲击能力
2-2		生物接触氧化法	该法能有效去除餐饮废水中的COD、BOD、TSS、动植物油，去除率分别为90.8%、90.3%、87.5%、89.2%；但停留时间较长，细菌平均停留时间大于10d，污泥驯化控制要求高，且外形尺寸较大，造价和能耗较高
2-3		膜生物反应器法	具有高效的处理能力，出水水质高，缺陷是膜的价格高，工程投资大，且膜污染后影响系统运行

注：组合式包括两种方式，一种方式为包含2种或2种以上处理方式的一体化设备，另一种方式为2种或2种以上不同工艺净化设备的组合。

某学校餐厅餐饮废水处理案例如下。废水水质：COD_{Cr} 150～300mg/L；油类 37～134mg/L；SS 200～300mg/L；NH_3-N 20～40mg/L；TP 1.0～1.5mg/L；pH 6.0～6.5。

设计处理量为50t/d，工艺流程如图6-25所示。

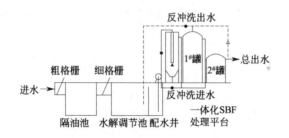

图6-25　餐饮废水处理工艺流程

运行检测结果如表6-4所列。

表6-4　运行检测结果

日期	COD			NH_3-N			油		
	进水/(mg/L)	出水/(mg/L)	去除率/%	进水/(mg/L)	出水/(mg/L)	去除率/%	进水/(mg/L)	出水/(mg/L)	去除率/%
1	295.7	57.0	81	37.5	6.55	85.5	128.8	18.0	86
2	255.4	48.1	81	33.6	1.56	95.0	94.7	12.7	87
3	201.1	40.1	80	24.23	4.32	82.3	45.1	8.5	81
4	298.7	44.1	85	36.98	7.88	78.6	115.9	19.2	83

6.2.3.4 厨余垃圾处理技术

(1) 厨余垃圾相关法律法规

厨余垃圾分为餐厨垃圾和废弃食用油脂两方面。

目前,我国很多城市颁布实施了厨余垃圾处置管理办法,部分城市管理办法的相关内容见表6-5。

表6-5 部分城市厨余垃圾处置管理办法

序号	城市(或某管理办法)	管理办法部分内容
1	北京	餐厨垃圾的产生者应当按照本市卫生、环保和市容环境卫生的要求,设置符合标准的收集、存放和处理餐厨垃圾的专用设施、设备。 餐厨垃圾的产生者应当保证收集、存放餐厨垃圾的专用设施、设备的功能完好和正常使用。 餐厨垃圾不得随意倾倒、堆放,不得排入雨水管道、污水排水管道、河道、公共厕所和生活垃圾收集设施中,不得与其他垃圾混倒。 餐厨垃圾的产生者不得将餐厨垃圾交给无相应处理能力的单位和个人。 餐厨垃圾产生者可委托专业企业进行集中处理。 具备相关技术、设备条件的餐厨垃圾产生者,也可自行处理餐厨垃圾
2	上海	餐厨垃圾产生单位应当按照《上海市城镇环境卫生设施设置规定》,设置符合标准的餐厨垃圾收集容器;产生废弃食用油脂的,还应当按照环境保护管理的有关规定,安装油水分离器或者隔油池等污染防治设施。 餐厨垃圾产生单位应当将餐厨垃圾与非餐厨垃圾分开收集;餐厨垃圾中的厨余垃圾和废弃食用油脂应当单独收集。 餐厨垃圾产生单位应当保持餐厨垃圾收集容器的完好和正常使用。 在餐厨垃圾收集、运输、处置过程中,禁止下列行为: ①将废弃食用油脂加工后作为食用油使用或者销售; ②擅自进行餐厨垃圾收运、处置; ③将厨余垃圾作为畜禽饲料; ④将餐厨垃圾提供给本办法第十条、第十三条规定以外的单位、个人收运或者处置; ⑤将餐厨垃圾混入其他生活垃圾收运; ⑥将餐厨垃圾裸露存放
3	杭州	餐饮业单位应采取相关措施,提倡顾客适量点菜和餐后打包,企事业单位食堂可采取自助分食制就餐的方式,减少餐厨垃圾的产生。 单位产生的餐厨垃圾,由产生餐厨垃圾的单位委托餐厨垃圾专业处置单位定时定点统一密封收运、集中处置

续表

序号	城市(或某管理办法)	管理办法部分内容
4	食品生产经营单位废弃食用油脂管理的规定	第四条 食品生产经营单位在生产经营中产生的废弃油脂,应当及时收集并使用专门标有"废弃油脂专用"字样的密闭容器盛放,安排专人负责管理;排放含油脂废水的,应当按照规定的方式使用标有"废弃油脂专用"字样的油水分离器或者隔油池等设施。 第五条 食品生产经营单位收集和排放的废弃油脂,应当按月统计废弃油脂的种类、数量和去向,以及防止污染的设施、类型。 第六条 食品生产经营单位的废弃油脂,除直接作为废弃物排放外,只能销售给废弃油脂加工单位和从事废弃物收购的单位。从事废弃物收购的单位只能将收购的废弃油脂销售给废弃油脂加工单位,不得销售给其他单位和个人。 第七条 从事收集、加工废弃油脂活动的单位,应当对废弃油脂的收集、购销情况建立台账制度,记录每批油脂收集、销售的时间、数量、单位、联系人姓名、电话、地址,并长期保存。 从事加工废弃油脂活动的单位,不得将废弃油脂加工以后再作为食用油脂使用或者销售。不得将未经处理的油脂排入环境。 转运废弃油脂的集散点、储存场地及其设施,必须符合市容环境卫生以及环境保护的要求

(2) 厨余垃圾处理思路

① 食堂垃圾中水分和有机物含量高,含有多种不饱和脂肪酸,腐烂变质的速度很快,易产生不良气味,易滋长细菌,未经处理过的食品废物中可能含有口蹄疫病原体、非洲猪瘟病菌等有害病菌,特别是高温季节能导致病原微生物等有害物质迅速大量繁殖。如果直接用以饲养禽畜,会对畜禽健康形成较大威胁,并可能通过禽畜体内毒素、有害物质的积累给人体健康带来极大危害,从而造成人畜之间的交叉传染。餐饮垃圾的含水率高达85%~90%,如果与垃圾混合处置会增大整体垃圾的含水率,增加处理成本。如果采取填埋处置的方式,会导致渗滤液和沼气的产量增大,造成二次污染。如果采取焚烧处置的方式,会使垃圾平均热值降低,造成能源浪费,而且 $NaCl$ 的高含量会促进二噁英的生成,增大飞灰中重金属的浸出率。

② 高等院校食堂应力求从源头上减少餐饮垃圾的种类和产生量,对不可避免产生的垃圾具有回收和再生利用的义务,应使用专用容器将食物残渣、废料、废油脂分类盛放,不得将产生的餐饮垃圾随意弃置,不得将产生

的餐饮垃圾直接作为饲料喂养畜禽。餐饮单位可以用符合相关环境标准的方式自行处置其产生的餐饮垃圾，也可以委托清运单位收运和处置，并按量支付处置费。

③ 自行处置的方式有：环保碳化炉焚烧；脱水、高温灭菌、干燥粉碎和筛分工艺转化为固体高蛋白饲料；粉碎、发酵堆肥等。

④ 委托清运单位收运和处置：餐饮垃圾清运公司必须采取防流失、防渗漏或其他防止污染环境的措施，餐饮垃圾的收集容器及运输车辆必须标有明显的"餐饮垃圾专用"字样，有义务将收集的餐饮垃圾自行或委托有资格的处理（置）企业按资源化、无害化、减量化的要求处理。

(3) 厨余垃圾处理技术

厨余垃圾处理技术包括以下几个方面。

1) 饲料化处置技术　厨余垃圾废物是食品废物的一种，营养成分丰富，厨余垃圾废物的饲料化处置能充分利用厨余垃圾中的有机营养成分。厨余垃圾破碎处理示例和饲料化处理装置示例分别见图 6-26 和图 6-27。

图 6-26　厨余垃圾破碎处理示例

厨余垃圾饲料化处理主要包括以下 3 种方法。

① 厨余垃圾直接作为动物饲料，由于其不能达到环境安全的要求，国外多数国家均严格禁止厨余垃圾的这种处置利用方式。

第6章 高等院校清洁生产管理经验和技术

图 6-27 厨余垃圾饲料化处理装置示例

② 厨余垃圾饲料化必须经过适当的预处理，消除病毒污染，然后才能制成动物饲料，进行资源化利用。其预处理手段主要针对垃圾中的细菌、病毒等污染物的控制，常用的预处理手段有高温干化灭菌、高温压榨等。

③ 采用厨余垃圾饲养特定非食物性生物，然后进行转化物质的提取应用。

2）微生物处理技术　微生物处理技术中的好氧生物处理设施示例见图 6-28。

图 6-28　好氧生物处理设施示例

美国、爱尔兰等国家已经将包括厨余垃圾在内的有机废物统一收集,在有机废物处置厂进行分类堆肥或其他形式的资源利用。韩国通常采用堆肥以及饲料化的处置方式,由于饲料化存在潜在的有害影响,堆肥日益成为处置厨余垃圾废物的主要途径。

但在技术上,单一厨余垃圾堆肥存在着较大的技术难点,含水率高、有机质含量高,导致堆肥升温慢、容积效率较低,而且堆肥易腐、颗粒机械稳定性差,需要特殊的填充物提高空隙率,需要大量的填充剂调理含水率。此外,厨余垃圾中含有的大量油脂和盐分会进一步影响微生物对有机物的分解速率。

餐厨垃圾微生物处理技术属于北京市推荐技术,由热风循环系统、搅拌系统、排风和集尘系统、补氧系统、自动提升喂料系统、PLC 电控系统六部分构成,利用微生物资源循环技术,采用高温高速好氧发酵工艺,投入天然复合微生物菌种,经高温高速好氧发酵,将餐厨垃圾全部消化转化成高蛋白、高能量、高活性的微生物菌群,可作为生产微生物饲料和微生物菌肥的原料,资源化利用率达到餐厨垃圾投放量(扣除水分)的 95% 以上。

3)厌氧发酵处理　由于厨余垃圾饲料化、好氧处理的技术缺陷,很多学者将厨余垃圾处理的方向转向厌氧生物技术。厌氧微生物能强化厨余垃圾中油类的分解,耐盐毒性较强。此外,厌氧发酵处理不需供氧,节能降耗。因此,从技术分析上来看,厨余垃圾废物的厌氧发酵处理具有节能、高效、资源回收的优势,但亦存在发酵周期长、初期投资大的不足。

厌氧发酵装置示例见图 6-29。

图 6-29 厌氧发酵装置示例

目前,有机废物的厌氧发酵处理技术可分为两大类:a. 进行低固体的浆料或液态发酵,技术相对成熟;b. 进行厨余垃圾废物原生态或适当调理的高固体或半固体厌氧发酵技术。高固体技术在系统投资、设备效率、发酵物料的综合利用等方面具有明显的优势,在发酵理论上亦较成熟,但随着固体浓度的提高,物料中毒性物质以及流态、传质等因素的影响加强,在具体技术应用上尚存在较多的不确定性和难度。发酵工艺以及参数的确定、反应器的构建以及过程的控制等方面是厌氧发酵研究的重点。

4) 厨余垃圾处理机 厨余垃圾处理机主要分为两种类型:第一种以减量化为主,也称消化型,采用加热器使水分蒸发,减小垃圾体积;第二种以资源化为主,也可称为生化式,是先利用细菌将有机物分解之后,再将剩下的残渣作为肥料使用。日本在厨余垃圾处理机的生产、销售和推广方面已经形成了比较完善的市场体系,政府出台了一些优惠政策并运用财政帮助其在居民或厨余垃圾产生单位的推广。

厨余垃圾处理机装置示例见图 6-30。

图 6-30　厨余垃圾处理机装置示例

6.3　典型清洁生产方案

6.3.1　水管网改造项目

（1）项目背景

某学校建成年代已久，部分地下水管网已破旧腐坏，近几年存在严重的"跑、冒、滴、漏"现象，造成了新鲜水的浪费和生活污水的滴漏，一方面增加了学校的运营成本，另一方面未经处理的生活污水的滴漏可能会渗入地下，对地下水产生污染，同时还腐蚀管道，释放有毒有害气体，影响了学校师生及附近居民的生活健康。因此，学校需要对地下破旧管网进行更换。

学校宿舍用水占学校总用水的比例很大，3号宿舍楼和5号宿舍楼的水龙头都是传统水龙头，存在"跑、冒、滴、漏"现象，造成新鲜水流失，因此，对3号宿舍楼和5号宿舍楼的所有水龙头进行更换。

（2）技术可行性分析

1）水龙头更换改造　学生公寓3号楼为女生宿舍楼，分为A座和B

座，A、B 座结构相同。学生公寓 3 号楼建筑面积为 $24002m^2$，共有 16 层，现有 2591 人入住。A、B 座公寓每层各有 1 个卫生间，每个卫生间有 13 个水龙头，水龙头总数为 416 个。

学生公寓 5 号楼为男生宿舍楼，建筑面积为 $4752m^2$，共有 5 层，现有 858 人入住。每层有 2 个公共卫生间，每个卫生间有 13 个水龙头，共有水龙头 130 个。

现将这 2 个宿舍楼的全部 546 个水龙头更换为节水型水龙头。这种水龙头感应灵敏，关闭所用时间只有老式水龙头的 1/10，节水效果显著。此外，这种水龙头在出水口安装有充气稳流器，比一般水龙头更节水，并随着水压的增加，节水效果也更明显。

2）水管网改造　经现场调查得知，共有 500m 地下水网管线已经老化腐蚀，"跑、冒、滴、漏"现象严重，学校需对这 500m 管网进行更换。此次改造主要是给水管网改造，原有的给水管网线路不变，只对旧管进行更换。更换的新管道选择球墨铸铁给水管，因为其抗裂性、抗震性好，耐腐蚀，管壁光滑（水力条件好），比较符合学校的实际情况。

(3) 环境可行性分析

学校对地下破旧的给水管网和宿舍水龙头进行重新更换，年节约新鲜水约 $20000m^3$，并且以过硬的品质保障了人身和环境的安全，具有很好的经济效益、环境效益和社会效益。

(4) 经济可行性分析

此方案需要更换破损腐蚀的管道 500m，更换管网共投资 23.9 万元。

学校对 3 号、5 号宿舍楼内的所有水龙头进行更换，共更换 546 个，按照市场价，所选择的节水型水龙头 200 元/个，则更换节水水龙头需投入 10.92 万元。

综上所述，对给水管网和宿舍水龙头改造项目的设备投资共需要 34.82 万元，再加上施工费、人工费、管理费等，此项目共需资金 40 万元。每年此项目可节省新鲜水约 2 万立方米，新鲜水价格按 4 元/m^3 计，则每年此项目可节省资金 8 万元。

表 6-6 为学校水管网改造经济评估指标汇总表。

表 6-6　学校水管网改造经济评估指标汇总表

名　　称	单位	数值
总投资费用(I)＝总投资－补贴	万元	40
年运行费用总节省(P)	万元	8
贴现率	%	7
折旧期	年	10
新增设备年折旧费(D)＝I/折旧期	万元	4
应税利润(T)＝$P-D$	万元	4
净利润(E)	万元	4
年增加现金流量(F)＝$D+E$	万元	8
投资偿还期(N)＝I/F	年	5
净现值 NPV＝$\sum_{t=1}^{n}\frac{F}{(1+i_c)^t}-I$	万元	16.19
内部收益率 IRR＝$i_1+\frac{NPV_1(i_2-i_1)}{(NPV_1+\lvert NPV_2 \rvert)}$	%	15.10

（5）结论

本方案投资回收期 5 年，净现值大于 0，内部收益率大于贷款率，节省成本，保护环境，技术、环境、经济方面完全可行。

6.3.2　节能监管平台建设

（1）项目背景

节约型校园建设以校园节能监管平台建设为基础，是一项涉及面广、时间跨度长、影响范围大的系统工程，如图 6-31 所示。校园节能监管平台建设包括建筑能耗计量和统计、建筑能源审计、能效公示、节能诊断、改造及评估全过程，需要建立相应的管理机构、管理制度和硬件软件平台建设。实施上具体可分为统计、审计公示、改善三个阶段。学校计划建立覆盖全校区的校园节能监管体系，按分类与分项相结合、分阶段建设、逐步完善的原则实施。

（2）技术可行性分析

校园节能监管平台建设严格按照高等学校校园能源监控平台建设相关导

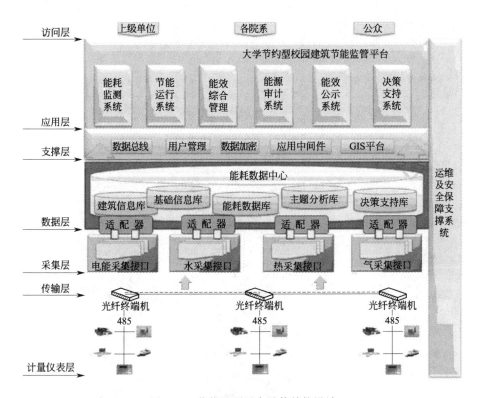

图 6-31 节能监测平台总体结构设计

则要求,并结合本校校园实际情况,因校制宜,充分利用校园网络资源,具体分析校园建筑用能特征及管理需求。校园节能监管体系首先要实现分类能耗计量和统计,为制订不同类型建筑的能耗基线提供数据支撑。

其次,根据学校管理需求,实现建筑能耗分项计量,正确把握能耗特点,及时发现问题。更重要的是,校园节能监管体系需具备强有力的数据深度挖掘功能,可进行建筑节能潜力的分析,为节能改造和节能运行提供支撑。在此基础上,系统将柔性地扩展智能控制及管理功能,为提高节能管理水平提供平台。

校园节能监管平台分为 4 层:数据采集层,主要通过电能表、能量表、水表等获取各回路的电耗及其相关电力参数、能量消耗和水耗等能源信息;数据传输层,主要是把能源数据转换成 TCP/IP 协议格式上传至能源管理监控系统数据库服务器;数据处理存储层,主要负责对能耗数据进行汇总、统计、分析、处理和存储;数据展示层,主要对存储层中的能耗数据进行展示和发布。校园能源监控系统如图 6-32 所示。

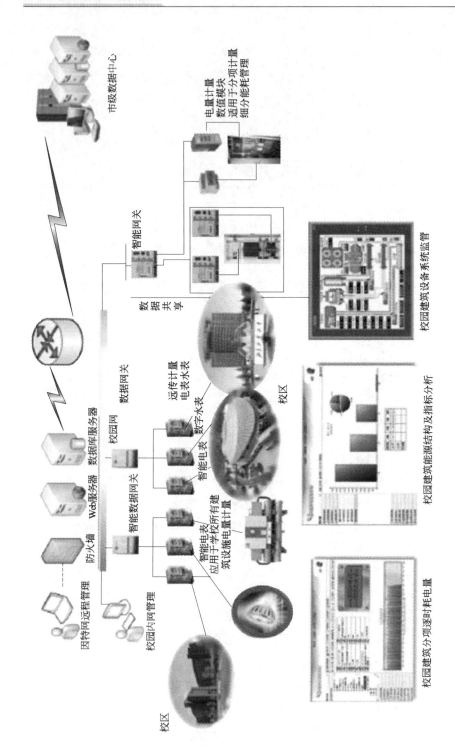

图 6-32　校园能源监控系统

现场能源数据的采集主要通过校园楼宇的低压配电柜内加装带数据接口的电力计量仪表，基本可实现对楼内空调、动力、照明和特殊用电等用电设施的分项计量；在各楼每间房内安装电能计量表，计量房间内所有电能消耗；在锅炉房等建筑内加装冷（热）量表和燃气表；对于楼宇用水量，通过对每栋建筑加装用水量总表测定。

（3）环境可行性分析

通过制订和实施节能监管平台建设方案，可以促进学校改进和优化现有能源管理方式，优化用能系统结构。根据某学校能耗数据，按照节能5%来计算，通过校园节能监管体系的建设和实施可以实现年节约标准煤757t。

（4）经济可行性分析

节能监管平台的运行管理费用不到学校年运行能耗费用的0.1%，通过这个平台促进了节能运行和节能管理，在学校能源监管体系建立之后，在不增加任何其他初投资的前提下可以降低运行能耗5%～10%。通过这一平台促成建筑节能改造和节能运行后，还可以产生10%～20%的节能效果（备注：行为节能与单位能源主管部门的管理水平和领导的重视程度相关，在本项目中项目效益分析均只计算节能改造的直接经济效益），按照预计节能5%、电价0.5元/(kW·h)、水5元/m³、天然气3元/m³考虑，在某学校电耗2.09585×10^7kW·h、水耗88.1275×10^4m³、天然气消耗61.603×10^4m³基础上下降5%，可节约费用约83万元。

节能监管平台经济评估见表6-7。

表6-7　节能监管平台经济评估

名　称	单位	数值
总投资费用(I)＝总投资－补贴	万元	350
年运行费用总节省(P)	万元	83
贴现率	%	7
折旧期	年	10
新增设备年折旧费(D)＝I/折旧期	万元	35
应税利润(T)＝$P-D$	万元	48
净利润(E)	万元	48
年增加现金流量(F)＝$D+E$	万元	83

续表

名　称	单位	数值
投资偿还期$(N)=I/F$	年	4.22
净现值 $NPV=\sum_{t=1}^{n}\dfrac{F}{(1+i_c)^t}-I$	万元	232.96
内部收益率 $IRR=i_1+\dfrac{NPV_1(i_2-i_1)}{(NPV_1+|NPV_2|)}$	%	19.83

(5) 结论

该方案投资回收期 4.22 年，净现值大于 0，内部收益率大于贷款率，节省成本，保护环境，技术、环境、经济方面完全可行。

6.3.3　绿色照明改造项目

6.3.3.1　项目背景

某学校现有照明系统大部分使用 T5 照明灯管，功率 28W，将现有 T5 灯管更换为功率 14W 的 LED 灯。该方案拟购入 3 万支 LED 灯，投资 150 万元。

6.3.3.2　技术可行性分析

(1) 替换与维护的方便性

T5 灯管改换为 LED 灯管，只需要将原有的 T5 灯管换下，不需要更换原有的灯具、启辉器、镇流器，操作方便简单，无安全隐患。

(2) 替代灯管的选取

将原有长管和短管分别替换为功率为 14W 的 LED 灯管，根据现场试验 LED 灯管按照现有灯管安装布局，能够达到学校的照明要求，可以作为替代产品。

(3) 室内环境影响

采用绿色环保型的半导体电光源，光线柔和，光谱纯，有利于学生的视力保护及身体健康，有助于集中精神、提高效率。

(4) 照明安全性

本方案不改变该学校的照明布局，LED 灯为成熟产品，无安全隐患。

(5) 后期维护方便性

LED 灯管的寿命为普通灯管的 10 倍以上,大幅减少更换灯具的频次。

根据以上分析,用 LED 灯管取代 T5 灯管,替换过程与后期维护都有一定的优势,故本方案技术可行。

6.3.3.3 环境可行性分析

按照每年照明时间 300d,每天 10h 计算,3 万支 LED 灯管每年的节电量为 $1.26 \times 10^6 \text{kW} \cdot \text{h}$,折合标准煤 504t。

6.3.3.4 经济可行性分析

本项目投资约 150 万元,每年的节电量约 $1.26 \times 10^6 \text{kW} \cdot \text{h}$,年节约电费 63 万元。本项目具体的经济评估如表 6-8 所列。

表 6-8 绿色照明项目经济评估

名 称	单 位	数 值
总投资费用(I)=总投资-补贴	万元	150
年运行费用总节省(P)	万元	63
折旧期	年	7
新增设备年折旧费(D)=I/折旧期	万元	15
应税利润(T)=$P-D$	万元	48
净利润(E)	万元	48
年增加现金流量(F)=$D+E$	万元	63
投资偿还期(N)=I/F	年	2.38
净现值 NPV=$\sum_{t=1}^{n}\dfrac{F}{(1+i_c)^t}-I$	万元	292.49
内部收益率 IRR=$i_1+\dfrac{\text{NPV}_1(i_2-i_1)}{(\text{NPV}_1+\lvert\text{NPV}_2\rvert)}$	%	40.61

6.3.3.5 结论

该方案投资回收期 2.38 年,净现值大于 0,内部收益率大于贷款率,节省成本,保护环境,技术、环境、经济方面完全可行。

6.4 清洁生产经验分析

6.4.1 高等院校 A 清洁生产经验

(1) 发挥学校优势,倡导节能减排

① 广泛宣传,发动全校师生积极参与。下发《关于贯彻落实建设节约型社会要求的意见》,制订《节能减排管理办法》《环境保护管理规定(试行)》等规章制度,开展节约型校园建设主题教育等活动。

② 发挥科研优势,助力绿色经济发展。建成我国首座超低能耗示范楼;与美国某大学合作建立建筑节能研究中心;积极开发新能源,建设世界上第一座 20 万千瓦级模块式球床高温气冷堆核电站。

③ 利用暑期社会实践、学生社团等平台开展学生节能减排教育活动。例如,环境系"循环经济零距离"支队实地考察多个城市的循环经济发展现状,形成专业报告。

(2) 完善基础设施,不断提高能效

校园输配电系统的功率因数都保持在 0.93,有效减少了校园电网的能源损耗。目前,学校所有给水泵、供暖水泵和风机等大功率用电设备全部实现了变频控制,所有校园路灯也将逐步更换为 LED 灯。同时,学校逐步更换校内原来能耗较高的 S7 型供电变压器,实现以 S11 为主的良好布置,减少 30% 以上的供电能耗。学校还对学校锅炉脱硫除尘系统进行改造,目前系统运行效果良好,各种排放数据均满足现行标准。

目前,学校有一个 $1000m^3$ 的雨水收集池,用于雨水收集利用。采用地热资源改造公共浴室,地热井井深 3000 余米,出水温度 55℃,最大日出水量 2400t,并可根据需要控制出水量,可以满足学生公共浴室用水的需求,取代目前为学校公共浴室供水的所有锅炉,全年可节省 50 万立方米天然气。

(3) 进行技术改造,于细微处见成效

① 不断改进食堂的节水、节电措施。例如,用脚踏式、感应式、延时式水龙头代替普通水龙头;推行厨房地面无水化工作,职工在工作时不洒汤不漏水,并改变用自来水冲地的做法,随时用墩布墩地,节约用水;完成十几个食堂照明灯具的节能化改造,仅照明灯一项每年就可节约几十万元的电

费;通过充分利用太阳能、使用节能燃气灶等各种措施,节约用电。

② 积极建设节约型物业。一是组织开展节约专题建议月活动,不仅增强全体干部职工对节约型校园、节约型物业的责任感,而且提炼出很多节约的好方法,如将夏季保洁时间集中调整到清晨,利用自然光,每年节电近40000kW·h;二是在教学楼热水器旁设立清水、茶水回收桶,一年可回收水600t;三是积极引进新一代再生逆变电能回馈技术,在公寓楼电梯上安装电能智能反馈系统,实现电梯的节能运行。

6.4.2 高等院校B清洁生产经验

(1) 校园节能监管平台

某大学集成先进的数据传感、网络数据传输、数据库技术,开发了校园节能监管平台,可对分散在该城市内和市郊的6个校区的数百栋校园建筑设施进行远程、实时的能耗监测、数据采集。在管理软件平台中嵌入能耗统计、节能潜力分析、能源需求预测、能效指标管理、能耗公示等功能模块,为全面实施校园能源消费的数字化管理、可视化展示、定额管理、量化评价等提供了强有力的支撑平台。

(2) IC卡智控系统

学校各校区的学生宿舍、浴室、开水房陆续安装了IC电卡智能系统,在节约用水、用电和管理上都发挥了极好的社会效益和经济效益。浴室使用智控系统后,避免了浪费现象,全年节水40%以上,学生沐浴平均每次只需1.5元,而且提高了周转率,大大地缓解了高峰时的拥挤现象。对于学生宿舍用电,已安装电控的西南11楼和未安装电控的西北5楼比较,西南11楼年人均用电为261kW·h,西南5楼年人均用电为438kW·h,人均节电达40%。

(3) 中水回用措施

学校实施了中水回用项目,对浴室废水通过膜生物技术处理,使水质达到回用标准,可用于校园景观水体的补充及绿化浇灌等,日处理洗浴废水达300余吨,年节水$1.2\times10^5 m^3$,节省水费22.9万元。同时,用洗澡废水中的余热加热锅炉冷水,余热回用系统累计已节约能源支出10万余元。

(4) 使用新能源

在学生浴室屋顶安装了太阳能热水系统,通过太阳能集热对管道内的冷水加热,每天使 20t 水的温升稳定在 30℃左右。一年光照以 250d 计,每天可节省燃油 87kg,一年节油 21750kg,节约能源支出 10 万元。

(5) 淘汰高耗能设施

学校食堂、浴室等后勤生活设施原都是通过贯穿校园的蒸汽管道供热,耗能高、损耗大、不利于计量和管理,现已改造为天然气、电和其他替代能源;投入 2 条自动米饭生产流水线,不但解决了各食堂分散加工带来的能耗过大、场地设施浪费等问题,而且米饭质量也得到了有力保证;采购部 50t 大冷库改造后采用先进水冷压缩机,用电量同比降低 80% 以上;部分食堂将传统的灶具燃烧器更换为预混旋火式节能环保灶具燃烧器,改造后节约燃气超过 30%。饮食中心通过技术改造一年节约超过 100 万元。

(6) 清理管网表具

学校协同有关部门对学校给水管网进行普查,对违反学校相关制度安接的水管、水斗逐一进行拆除,对老化的供水管网进行更新,全校的年用水量下降了 $3.1 \times 10^5 m^3$。此外,加强管理,经有关单位确认将部分闲置的计量表拆除,年节约了几十万元的空置费。

(7) 建筑节能新技术的运用

在学校建设中,注重建筑节能新技术的示范作用。在建设综合教学楼采用了蓄冰空调、座椅送风、全热回收、地板送风、自然通风等建筑节能技术。

(8) 管理节能,由易到难,常抓不懈

在基础设施逐步完善的基础上,学校大力加强节能管理,领导带头,后勤先行,措施有力,责任落实,取得了很好的成绩。

① 公共教学场所节能潜力大。学校成立了图书馆节能管理小组,在相关部门和图书馆的指导支持下,对照明灯、景光灯、计算机、空调、电梯、水泵、饮水机等,根据学生流量、开放时间、不同季节、寒暑假等具体情况制订了节能分类管理方案和细则,每一项都责任到人。

② 饮食中心能源实行定额管理。饮食中心加强能耗成本核算,层层分解能耗指标,每个食堂都有专人负责节能监督检查,将能源消耗与奖金分配挂钩,通过一系列的技术改造和管理措施,全年在营业额增长的情况下,能源消耗比下降 15%,百元营业额能源消耗下降了 3 个百分点。

③ 对大功率用电设备加强管理。学校制订中央空调使用办法，严格督察执行情况，对违规使用者由校办公开曝光。要求物业公司定期对空调进行清洗，可以节约5%的用电量。对各大楼电梯使用也作了规定和限制，原则上三层以下白天不停，夜间停用，寒暑假部分大楼缩短开放时间，部分可停用。

④ 加强巡视督查。建立"校园节能督察队"，"节能督察队"负责对校园教学楼、办公楼、宿舍楼、食堂等公共区域的水电、粮食、办公学习用品以及生活物品等各种资源的使用情况进行每日检查，能源管理中心、物业管理中心也都聘请专职和兼职节能督察员巡视检查，督促大家勤俭节约、节省能源、减少浪费，发挥了重要作用。

参考文献

[1] 李浩田. 适宜节能技术在寒冷地区农村小学建筑设计中的应用研究——以山东荣成北港西村小学改造为例[D]. 济南：山东建筑大学，2013.

[2] 陈洋. 挪威学校节能减排与环保建筑设计策略及措施[J]. 华中建筑，2009，27（10）：5-7.

[3] Tjelflaat P O. Pilot study report: Grong School Assess m ent of Energy-Efficient Clim ate System for School B uilding [J]. 2003.

[4] 王晶. 高等学校校园建筑节能设计[J]. 中国新技术新产品，2010（16）：157-158.

[5] 路明. 高校校园建筑节能设计探讨[J]. 山西建筑，2009，35（2）：247-248.

[6] 孙宇. 北方高校教学楼适应性改造研究——节能优化与整合策略[D]. 上海：同济大学，2008.

[7] 金跃. 清华大学环境能源楼设计[J]. 暖通空调，2007，37（6）：73-75.

[8] 李雄平. 浅谈节约型校园建设[J]. 经济师，2013（12）：88-89.

[9] 卜增文，陈炼，鄢涛. 学校建筑节能的潜力与效益分析[J]. 节能，2004（10）：38-39.

[10] 陈专红，胡虚怀. 公共计算机房节省能耗的策略探讨[J]. 实验室研究与探索，2012，31（7）：64-67.

[11] 白瑞. 陕北地区中小学校建筑空间环境实态调查及节能策略研究[D]. 西安：西安建筑科技大学，2013.

[12] 卢求. 德国生态节能建筑资助政策与措施[J]. 建筑学报，2008（9）：89-91.

[13] 虞愿. 武汉地区高校宿舍节能改造中太阳能热水应用研究[D]. 武汉：华中科技大学，2013.

[14] 吴志强，陈小龙，钱锋，等. 同济大学文远楼：历史保护建筑的生态更新[J]. 建设科技，

2007（6）：30-31.

[15] 翟晓莹．西北地区农村中小学校建筑设计中生态设计方法的研究——以关中地区农村中学建筑设计为例［D］．西安：西安建筑科技大学，2010.

[16] 美国建筑师学会编．学校建筑设计指南［M］．周玉鹏，译．北京：中国建筑工业出版社，2004.

[17] 迈克尔·J·克罗斯比．北美中小学建筑［M］．卢昀伟，贾茹，刘芳，译．大连：大连理工大学出版社，2004.

[18] 李海清．以自己的方式表达绿色——评介瑞士阿尔卑斯山区的三所学校［J］．城市建筑，2006（7）：26-29.

[19] 万澧．上海高校校园建筑热环境性能化评价与建筑设计策略初探——以同济大学 C 楼为例［D］．上海：同济大学，2008.

[20] 张效民，曲东华．谈高校能源消耗及节能措施［J］．中国科技信息，2008（7）：26-27.

[21] 王丹妹．高校学生公寓环保节能改造探析［J］．住宅科技，2010，38（10）：78-80.

[22] 刘建斌，王飘扬，范飞．北京师范大学中水处理站设计与运行［J］．中国给水排水，2004，20（9）：81-83.

[23] 魏娜，蒋文举，廖文杰．高校校园盥洗废水回用分析［J］．资源开发与市场，2005，21（5）：432-434.

[24] 刘洪海，鲁帅，刘志强，等．高校学生公寓二次供水系统节能探究［J］．给水排水，2016，42（2）：88-91.

[25] 陈泽晖，金超强，白雪莲，等．重庆大学校园建筑节能改造探索［J］．建设科技，2015（24）：36-38.

[26] 邓焱曦，李佳熹，赵林，等．大学生构建节约型校园调查分析——以川北医学院为例［J］．科技创新导报，2014（10）：203-204.

[27] 赵斌．建设节约型示范校园的进展与探讨——以南昌大学为例［J］．广西城镇建设，2013（6）：118-120.

[28] 李菲菲，张衍，陈吕军，等．A/O-MBR 工艺处理校园生活污水中水回用工程的设计与运行［J］．环境工程学报，2013，7（10）：4015-4020.

[29] 王锐，章铁钟，金炎龙，等．高校生活污水处理与中水回用适用技术研究［J］．节水灌溉，2013（4）：64-67.

[30] 张晓辉，曹奇光，谢国莉，等．SBR 在高校中水回用领域的工程应用研究［J］．环境工程，2012（S2）：179-180.

[31] 胡云明．华北电力大学（保定）中水站运行分析［J］．山西科技，2015（2）：79-81.

[32] 周霜，杨蕾，廖永丹，等．高等学校照明节能改造——以四川某大学校区为例［J］．建筑节能，2014（12）：88-90.

[33] 杨旻．节约型校园建设视野下的高校后勤改革——以中山大学为例［J］．法制与经济旬刊，2013（2）．

[34] 余翰武，赵文武，隆万容．资源节约型校园规划的有益尝试——以湖南科技大学校园规划为

例[J]. 长沙铁道学院学报（社会科学版），2008，9（3）：257-259.

[35] 偶春，姚侠妹，陈杰. 生态城市背景下的地方高校校园景观建设探讨——以皖西北高校校园景观建设为例[J]. 中国农学通报，2009，25（21）：240-243.

[36] 夏祖国，高庆龙，吴燕华，等. 建设节约型校园 营造节俭型环境——江苏农林职业技术学院节约型校园建设的举措[J]. 价值工程，2012，31（6）：196-197.

第7章 高等院校清洁生产审核案例

近年来,随着节能环保新技术、新工艺的应用,清洁生产逐渐走进了人们的视野。为扎实推进清洁生产工作,规范清洁生产的管理模式,本章整理了近几年高等院校清洁生产审核工作进程中的优秀案例,供读者学习参考。

7.1 清洁生产审核典型案例一

7.1.1 高等院校基本情况

某高等院校设有民族与社会学学院、管理学院、经济学院、法学院、马克思主义学院等23个学院和研究生部,以及继续教育学院等机构。

7.1.2 预审核

7.1.2.1 高等院校基本情况

某高等院校现占地面积 $3.78 \times 10^5 m^2$,另规划新校区占地面积 $8.1 \times 10^5 m^2$。本轮审核范围建筑面积 $531214.82 m^2$,教学行政用房20余万平方米。学校现有教职工人数为2137人,全日制在校生15737人。

该高等院校的建筑比例见图 7-1。

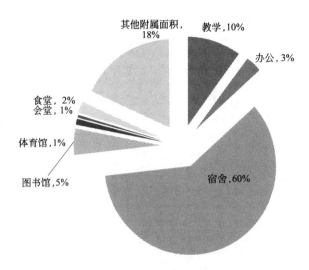

图 7-1　高等院校建筑比例

7.1.2.2　基础设施情况

（1）供暖系统

学校供暖系统为市政热力供暖。一次循环水通过板式换热器向市政热力取热，分高、低区向学校各建筑进行输配供暖，其中高、低区各设有一次热交换板式换热器 3 台。高、低区循环系统各设有 4 台（2 用 2 备），同时为循环水泵配有变频器 4 台（变频器均为 1 拖 2）。高、低区各设有补水泵 2 台。

（2）空调通风系统

学校建筑除学生公寓外均设有空调系统。如图书馆配有 2 台约克螺杆式冷水机组，单台制冷量 1122kW，输入功率 201kW。

（3）变配电系统

学校由外引入 1 路 10kV 电源，经过电缆敷设至配电小室后引至总变配电室，承担校区的全部负荷用电。变配电系统包括总配电室 1 座以及由总配 10kV 引出线的分配电室 6 座。

(4) 给排水系统

学校水源是市政自来水和自备井两种供水水源,自来水进水口有 3 处。供水管线总长度为 2065m。

(5) 生活热水系统

生活热水系统包括饮用热水及洗浴热水。洗浴热水统一由锅炉房燃气锅炉集中供给至浴室。饮用热水有两种供给形式,分别为电开水器供给及开水房供给。热水设备有茶浴炉 5 座、茶浴炉管道泵 2 台、磁能型电热水器 22 台。

(6) 中水系统

学校现有 3 个中水回收系统。

(7) 电梯系统

学校共有电梯 41 部,分布于教学楼、办公楼、宿舍楼、图书馆。

(8) 照明系统

学校已完成节能灯具改造,将普通 T8 直管型荧光灯改为 28W 的 T5 直管型荧光灯。文学楼灯具有 15888 盏,理工楼灯具有 7227 盏,图书馆灯具有 2038 盏。

(9) 实验室设备

学校实验室众多,设备量大,包括微量紫外分光光度计、真空管式炉、高真空磁控溅射仪、电热干燥箱等 1714 台实验设备。

(10) 食堂

学校共有 7 个食堂,食堂共有洗碗机、离心风机、空调、冰箱、烤箱、蒸箱、电炸锅等 1621 台设备。

7.1.2.3 原辅材料消耗情况

(1) 实验室原材料消耗

学校实验室消耗的主要原辅材料有玻璃仪器和化学药品等。学校对于一般化学试剂以及玻璃仪器进行统一登记购买。

学校对国家规定的易制毒化学品的购买、使用、使用地点及保存等均作了规定,在不影响教学开展的前提下节约使用。同时,对有毒有害废液及废旧化学试剂的处理、保存都做了详细的规定。

(2) 办公易耗品

学校办公易耗品主要包括电池、纸张、油墨、硒鼓及其他办公用品等。学校易耗品种类众多，没有进行统一采购和登记，由各办公室自行购买。目前学校也没有这方面的登记记录，只有对学校购买金额简单的估算。

近三年办公易耗品统计表见表 7-1。

表 7-1 近三年办公易耗品统计表

时间	电池/节	纸张/箱	墨盒/盒	胶带/卷	硒鼓/个	色带/套
审核前两年	980	2640	1610	98	79	3
审核前一年	970	3125	1561	118	98	3
审核当年	1097	3514	1781	108	110	3

7.1.2.4 水消耗分析

近三年学校自来水消耗情况如表 7-2 所列。

表 7-2 近三年学校自来水消耗情况统计表

项目	审核前两年	审核前一年	审核当年
建筑面积/m^2	531214.82	531214.82	531214.82
人数/人	15737	17755	17755
水消耗总量/m^3	826723	888436	947670
单位建筑面积水耗/[$m^3/(m^2·a)$]	1.56	1.7	1.785
单位人数水耗/[$m^3/(人·a)$]	52.53	50.04	53.37

注：用水人数包括所有全日制注册在校学生。

7.1.2.5 能源消耗分析

近三年学校各种能源消耗情况如表 7-3 所列。

表 7-3 近三年学校各种能源消耗情况统计表

类别	项目	单位	累计消费量		
			审核前两年	审核前一年	审核当年
电力	耗量	kW·h	19446765	21743900	21452455
	标煤量	t	2390.01	2672.33	2636.51
	变化率	％	—	11.81	10.31

续表

类别	项目	单位	累计消费量		
			审核前两年	审核前一年	审核当年
天然气	耗量	m³	4058413	549089	616030.26
	标煤量	t	4928.13	730.29	819.32
	变化率	%	—	−86.47	−84.82
液化石油气	耗量	kg	14426	0	0
	标煤量	t	24.73	0	0
	变化率	%	—	−100	−100
汽油	耗量	L	39307	35634.37	27464.75
	标煤量	t	42.8	38.8	29.91
	变化率	%	—	−9.35	−30.11
柴油	耗量	L	13526	10745.12	9075.95
	标煤量	t	17.15	13.62	11.51
	变化率	%	—	−20.58	−32.88
热力	耗量	GJ	60760	122195.1	147397.48
	标煤量	t	2073.13	4169.29	5029.2
	变化率	%	—	101.11	142.59
水	耗量	m³	826723	888436	947670
综合能耗	耗量（以标煤计）	t	9475.95	7624.33	8526.45
	变化率	%	—	−23.34	−14.27

7.1.2.6 环境保护现状分析

（1）食堂产排污情况

学校有7个食堂，厨余垃圾产生量如表7-4所列。

表7-4 近三年学校各食堂的厨余垃圾产生量　　　　单位：t

食堂编号	审核前两年	审核前一年	审核当年
1	180	200	218
2	92	102	105
3	129	134	130
4	130	132	131

续表

食堂编号	审核前两年	审核前一年	审核当年
5	29	30	31
6	16	18	19
7	10	13	14
总计	586	629	648

(2) 校医院产排污情况

学校本部生活区内有一个校医院，产污主要有医疗垃圾和医疗废水两大类，产生的医疗垃圾和生活垃圾按要求严格区分开来，医疗垃圾收集后交由有资质的单位清运、处理。审核当年学校医疗垃圾产生量为690kg。

(3) 实验室产排污情况

学校实验室产生的污染物主要有危险固废（含有毒废液）、废水及废气等。近三年学校危险废物总量见表7-5。

表7-5　近三年学校危险废物总量　　　　　　　　　单位：t

项　目	审核前两年	审核前一年	审核当年
危险废物	7.201	4.712	5.592

(4) 生活垃圾及污水情况

教学区、生活区产生的生活垃圾，由后勤部门对其及时收集、分类装袋，再由当地环卫部门统一处理。近三年学校生活垃圾产生量见表7-6。

表7-6　近三年学校生活垃圾产生量　　　　　　　　单位：t

项　目	审核前两年	审核前一年	审核当年
生活垃圾产生量	2342	2322	2366

(5) 电子垃圾产生情况

学校不能自行处置淘汰的电子设备（如电脑、打印机、传真机、复印机、电视机、空调、投影仪、照相机、碎纸机、点钞机等），应定期招标，交由有资质的公司回收处理。

(6) 噪声

学校噪声主要来自锅炉房、中央空调的泵和风机等设备、实验室大型仪器的运行以及机动车辆。

7.1.2.7 清洁生产现状水平分析

通过与《清洁生产评价指标体系 高等院校》(DB11/T 1264—2015)对比，学校清洁生产综合评价指数为84.8，因此，评定学校为二级清洁生产先进单位。

7.1.2.8 确定审核重点

本轮清洁生产审核将理工楼、文学楼、图书馆空调系统作为审核重点。

7.1.2.9 设置清洁生产目标

本轮清洁生产审核目标如表7-7所列。

表7-7 清洁生产审核目标一览表

项 目	现状	近期目标		远期目标	
		绝对量	削减率	绝对量	削减率
单位建筑面积综合能耗(以标煤计)/(kg/m²)	16.05	15.89	−1%	15.65	−2.5%
人均综合能耗(以标煤计)/[kg/(人·a)]	480.23	475.43	−1%	468.23	−2.5%
单位建筑面积水耗/[m³/(m²·a)]	1.785	1.715	−4%	1.635	−8.4%
生均水耗/(m³/人)	53.37	51.24	−4%	48.87	−8.4%

7.1.3 审核

(1) 水平衡测试

审核重点水平衡情况如图7-2和图7-3所示。

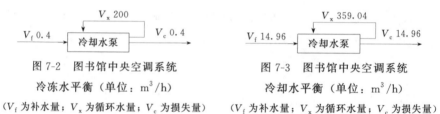

图7-2 图书馆中央空调系统　　　　图7-3 图书馆中央空调系统
　　冷冻水平衡（单位：m³/h）　　　　冷却水平衡（单位：m³/h）
（V_f为补水量；V_x为循环水量；V_c为损失量）　（V_f为补水量；V_x为循环水量；V_c为损失量）

(2) 电平衡测试

审核重点电平衡测试结果如图 7-4 所示。

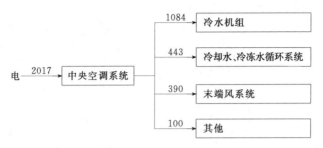

图 7-4　图书馆中央空调系统耗电分布（单位：kW·h/d）

7.1.4　审核方案的产生与筛选

方案筛选结果如表 7-8 所列。

表 7-8　方案筛选结果表

方案类型	方案名称
无/低费方案	减少有毒有害化学药品的使用
	加强空调使用过程优化控制
	减少实验室水资源浪费
	加强餐厅运行过程优化控制
	宿舍用水及用电梯度收费
	理工楼高纯水反冲洗废水纳入中水系统
	完善危险废物管理
	建立和完善建筑能耗水耗记录文件
	建立实验室药品购买、存储及使用的台账
中/高费方案	更换淘汰型设备
	中央空调系统水系统改造
	电梯安装电能回馈装置
	节能监管平台建设（一期）
	节能监管平台一期升级工程
	理工楼电磁感应开水器改造
	照明节能改造
	中水系统改造

7.1.5 中/高费方案可行性分析

(1) 电梯电能回馈

电梯能量回馈装置能有效节约电能,电梯年耗电量为 1.56×10^6 kW·h,按照 20% 的节电率,年节电约 3.12×10^5 kW·h,可减少电费约 15.6 万元。

(2) 理工楼电磁感应开水器

电磁感应开水器在健康、安全、防垢等基础上,还具有较好的节能效果。按节电率 50% 计算,年节电 1.3×10^4 kW·h。本方案计划更换热水器 32 台,单台设备及安装费用约 1.1 万元,总投资约 35 万元。方案实施后年减少电费 0.65 万元,同时减少维修管理费用 3 万元/年。

(3) 节能监管平台建设

节约型校园建设以校园节能监管平台建设为基础。通过制订的节能监管平台建设方案的实施,可以促进学校改进和优化现有能源管理方式,优化用能系统结构。根据学校上年度的能耗数据,按节能 5% 计算,通过校园节能监管体系的建设和实施可以实现年节约标准煤 757t。

节能监管平台的运行管理费用不到学校年运行能耗费用的千分之一,通过这个平台促进节能运行和节能管理,在学校能源监管体系建立后,在不增加任何其他投资的前提下可以降低运行能耗 5%~10%。通过这一平台促成建筑节能改造和节能运行后还可以产生 10%~20% 的节能效果。按节能 5%、电价 0.5 元/(kW·h)、水 5 元/t、天然气 3 元/m^3 计算,在上年度电耗 2.09585×10^7 kW·h、水耗 8.81275×10^5 m^3、天然气消耗 6.1603×10^5 m^3 的基础上下降 5%,节约费用 83 万元。

(4) 照明节能改造

将现在校学生公寓楼道白炽灯系统进行改造,同时对学校其他楼宇公共场所的开关照明进行改造。更换 LED 灯后,每年可节省电量 4.8×10^5 kW·h。本方案预计更换 LED 灯 3447 支,微波开关 7728 套。原宿舍白炽灯 25W/支,其他楼宇照明设备的平均功率为 28W,按 LED 灯节电率 80%、微波开关节能率 30%、照明时间每天 12h、每年 300d 计算,年节电 4.8×10^5 kW·h,节约电费 24 万元。

(5) 中央空调水系统改造

中央空调系统存在管路及设备保温层质量不好、冷却塔外部壳体老化结垢严重、保温管道有一定程度损坏等问题。系统改造完成后，系统冷量的损失减少以及冷却塔换热效率提高；更换冷却塔后，冷却塔耗水量减小，降低系统用水量。根据实测数据可知，系统消耗水量 $3\times10^5 m^3$，耗电量 $5.58\times10^5 kW\cdot h$。按节约电、水 10% 计，节电 5.58 $kW\cdot h$，节水 $3\times10^4 m^3$。

(6) 中水改造

理工楼、文学楼、2 号和 3 号学生宿舍年总用水量为 132673t，占全校用水量的 14%。采用中水系统后，可节约用水 $5.3\times10^4 m^3$，减少水费 26.5 万元。

(7) 更换淘汰型设备

参考《高耗能落后机电设备（产品）淘汰目录》将以上设备更换为 YE 或 YX 系列电机，实现节能效果。淘汰设备总功率为 371kW，按照节电率 6%、每天运行 8h、年运行 260d 计算，年节电 $4\times10^4 kW\cdot h$。该方案投资 100 万元，实施后节约电费 2 万元，经济效益一般，但是从长远来看有利于促进学校进一步提高能源利用效率，同时也是国家政策的必然要求，因而确定为本轮实施方案。

7.1.6 实施效果分析

已实施无/低费方案 21 项，中/高费方案 1 项，总投资 366 万元，节约能源（以标煤计）184.9t，节水 $6.223\times10^4 m^3$，减少生活垃圾 108t，取得经济效益 109.865 万元。本轮清洁生产审核目标完成情况如表 7-9 所列。

表 7-9 本轮清洁生产审核目标完成情况一览表

项 目	现状	近期目标		审核后指标	
		绝对量	削减率	绝对量	削减率
单位建筑面积综合能耗(以标煤计)/(kg/m²)	16.05	15.89	−1%	15.7	−2.18%
人均综合能耗(以标煤计)/[kg/(人·a)]	480.23	475.43	−1%	469.82	−2.17%
单位建筑面积水耗/[m³/(m²·a)]	1.785	1.715	−4%	1.665	−6.72%
人均水耗/(m³/人)	53.37	51.24	−4%	49.87	−6.56%

通过清洁生产审核,学校已全部完成或超额完成预期清洁生产目标。经指标分析,学校综合得分87.5分,进一步提高了清洁生产水平。

7.1.7 持续清洁生产

学校通过开展清洁生产审核,制订了持续清洁生产计划,成立了清洁生产组织机构。后续清洁生产审核重点为以节能、降耗为主的多项措施改进。后续清洁生产目标仍按本轮清洁生产审核确定的目标执行。

7.2 清洁生产审核典型案例二

7.2.1 高等院校基本情况

某高等院校有东、西两个校区,总面积1000余亩(1亩=666.7m^2),建筑面积$8.4×10^5 m^2$,设有电子信息工程学院、计算机与信息技术学院、经济管理学院等14个学院。

7.2.2 预审核

7.2.2.1 高等院校生产服务状况

学校共设有14个学院,共有本科专业51个,全校教职工4213人,在校学生24995人。学校教学及辅助用房面积为$2.19×10^5 m^2$,行政办公用房面积为$3.77×10^4 m^2$,生活用房面积为$2.80×10^5 m^2$。学校建筑比例见图7-5。

7.2.2.2 基础设施情况

(1) 主要建筑物围护结构

学校共有各类建筑87座,建筑年代从20世纪50年代到21世纪初,围护结构和门窗配置均采取节能措施。

(2) 供暖空调系统

学校主区的采暖热源是市政热力。空调系统包括中央空调和分体空

第 7 章 高等院校清洁生产审核案例

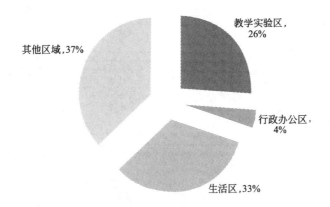

图 7-5 学校建筑比例

调两种。中央空调设置在学生活动中心,包括螺杆式机组、冷却泵和组合式空调机组共 7 台。分体式空调主要安装在各个教学楼,共 1421 台。

(3) 变配电系统

学校配电室有 13 座,主要包括主配电室、九教分配电室、活动中心分配电室、西配电室、东南配电室、西南配电室、东校区配电室等。

(4) 给排水系统

学校主区和东校区分别有各自的市政给水主干管,供水干管给入校区。各建筑排水通过重力汇入排水管道,由排水管道排入校内排水管网。学生活动中心和学苑学生公寓的杂排水和污水以及学校主区浴室的洗浴水收集后排至校园中水处理站,其余建筑物排放的污水汇集后排出校园,进入市政排污系统。

(5) 生活热水系统

学校主区的换热站设置了换热器供应生活热水。主区在换热站安装了 5 台容积式换热器,另有 15 台电加热器备用,为男、女浴室供应热水,配套安装 4 台循环水泵。生活热水系统全年全天运行。

学校在教学楼及各宿舍楼均安装了开水炉,教学区安装 16 台即热式反渗透饮水机,学生公寓安装了 77 台智能开水器,均为即热式或步进式节能设备。

(6) 中水系统

学校有两个中水处理系统,处理能力均为 200t/d。

(7) 电梯系统

学校大部分高层建筑中均设有电梯。学校对校内电梯进行了电梯能量回收的节能改造,节电率达到 35.2%。

(8) 照明系统

学校主区使用的灯具均为节能灯,大部分为 T5 节能灯,少部分灯具为 T8 节能灯,灯具共计 42054 盏。

(9) 食堂

学校共有 11 个学生餐厅和 1 个教工餐厅,学生餐厅总面积达 22445m^2,就餐面积达 11500m^2,共有座位数 6173 个。餐厅的设备主要包括和面机、馒头机、电饼铛、微波炉、电磁炉等用电设备以及燃气灶具和配套的油烟净化装置。

(10) 天然气利用系统(锅炉及燃气灶)

学校共有 6 台天然气热水锅炉,包括 2 台 4t/h 的锅炉和 4 台 6t/h 的锅炉,提供生活热水,同时还提供冬季供暖。

7.2.2.3 资源利用情况

(1) 实验室原材料消耗

学校使用化学试剂的学院主要有土建学院和理学院,学校对一般化学试剂以及玻璃仪器没有进行统一登记购买,各实验室自行购买和管理。

理学院使用的易制毒化学品数量较多,故设置了专门的化学品储存场所,建立了统一的登记管理制度。

(2) 办公易耗品

学校近三年消耗的办公用品包括纸张、墨盒等,消耗情况如表 7-10 所列。

表 7-10 近三年办公易耗品消耗统计

办公用品	审核前两年	审核前一年	审核当年
纸张/箱	2540	3514	3125
墨盒/盒	1410	1781	1561

7.2.2.4 能源消耗情况

该校近三年的能源消耗情况如表 7-11 所列。

表 7-11 近三年能源消耗情况

能源种类	审核前两年			审核前一年			审核当年		
	实物量	折标煤量	占比	实物量	折标煤量	占比	实物量	折标煤量	占比
电力/(10^4kW·h)	2871.4	3528.9	21.9%	2850.6	3503.3	22.8%	3428.1	4213.2	32.2%
天然气/10^4m^3	328.37	4367.4	27.1%	364.93	4853.6	31.6%	336.7	4477.9	34.2%
市政热力/GJ	239712	8179.4	50.7%	203450	6942.1	45.2%	127458	4349.1	33.2%
汽油/L	16866	18.30	0.1%	14247	15.5	0.1%	11234	11.9	0.1%
柴油/L	33493	42.4	0.3%	34923	44.2	0.3%	33379	41.3	0.3%
综合能耗(以标煤计)/t	—	16136.4	100%	—	15358.7	100%	—	13093.4	100.00%

7.2.2.5 水耗情况

该校近年来水资源消耗情况如表 7-12 所列。学校共安装 109 块水表，一级表 8 块，二级表 95 块，三级表 6 块，实现全面覆盖，并且具有远程传输功能。

表 7-12 近年来水资源消耗情况

指标	审核前两年	审核前一年	审核当年
新鲜水用水量/m^3	1181310	1298151	1156412
建筑面积/m^2	841000	841000	841000
在校学生数量/人	23254	23610	24955
单位建筑面积水耗/[m^3/(m^2·a)]	1.40	1.54	1.38
单位人数水耗/[m^3/(人·a)]	50.80	54.98	46.34

7.2.2.6 主要污染物排放及控制情况

(1) 废水

废水分为一般生活废水和医疗废水，其中学生活动中心和学苑学生公寓的杂排水以及学校主区浴室的洗浴水收集后排至校园中水处理站，其余建筑物排放的污水汇集后排出校园,进入市政排污系统。

医疗废水采用二氧化氯进行消毒处理,处理能力达到30t/d,主要设备设施包括二氧化氯发生器、电动溶解槽、盐酸储槽等。

该校废水处理及回用统计表见表7-13。

表7-13　废水处理及回用统计表

指标		审核前两年	审核前一年	审核当年
医疗废水量/m^3		7404	9859	11345
生活废水量/m^3		701382	769032	682502
中水产生量/m^3	主校区	40239	41255	42321
	学苑	3200	5000	4800
冲厕用量/m^3		40000	40000	40000
绿化用量/m^3		3439	6255	7121
中水回用率/%		6.2	6.0	6.9

(2) 废气

学校主要废气污染为锅炉烟气和食堂油烟,部分学院如土建学院、理学院、建艺学院交通学院等设有物理化学实验室,实验多为普通化学实验,通风橱排风引至楼顶高空排放。

(3) 固体废物

一般废物为师生办公、生活中产生的生活垃圾,餐厅在食品加工过程中产生的菜叶、果皮等垃圾,以及师生就餐后产生的剩菜、剩饭等垃圾。这些垃圾由工作人员及时收集放置在指定位置,委托相关部门清运处理。

危险废物包括校医院医务室产生的医疗废物,办公产生的墨盒、硒鼓以及实验室产生的废试剂等,属于国家环保法规定的严控危险废物,学校严格按国家相关要求进行处理,统一交给有处理资质的公司处理。

该校固体废物处理统计表见表7-14。

表7-14　固体废物处理统计表　　　　　　　　　　　单位:t

指标	审核前两年	审核前一年	审核当年
一般废物	5543	5806	5989
餐厨垃圾	3206	3290	3345

续表

指　　标	审核前两年	审核前一年	审核当年
医疗垃圾	1545	3243	2876
实验室危废	1278	1206	1174

（4）废旧电子设备

学校办公用的电子设备较多，主要有计算机、打印机、传真机、交换机、电视机等，每年由于设备折旧淘汰产生大量废旧电子设备。目前，废旧电子设备由学校设备处统一登记管理，交由专门回收电子设备的企业回收处置。

该校废旧电子设备处理量见表7-15。

表 7-15　废旧电子设备处理量　　　　　　　　单位：台

指　　标	审核前两年	审核前一年	审核当年
废旧电子设备	1321	1898	1765

（5）噪声

学校噪声主要来自于锅炉房运行中泵、风机等设备的运行，将强噪声设备置于房间内封闭隔声，再通过一定距离的衰减作用，降低噪声。同时，学校通过建绿化带、机动车辆进入小区降低速度、禁鸣喇叭等措施来控制减少噪声源。

7.2.2.7　清洁生产水平现状评价

通过与《清洁生产评价指标体系　高等院校》(DB11/T 1264—2015) 对比，综合得分为89.5分，属于二级清洁生产先进水平单位。在提高中水回用率、提高固体废物回收率、推广节能减排措施等方面还有提高的空间。

7.2.2.8　确定审核重点

本轮清洁生产审核将生活区作为审核重点。

7.2.2.9　设置清洁生产目标

本轮清洁生产审核目标如表7-16所列。

表 7-16　清洁生产审核目标一览表

项目	现状	近期目标		远期目标	
		绝对量	削减率	绝对量	削减率
人均电消耗量/[kW·h/(人·a)]	1373.727	1359.99	-1%	1332.52	-3%
人均水消耗量/[m³/(人·a)]	46.34	44.49	-4%	42.63	-8%
人均废水产生量/[m³/(人·a)]	27.3	26.21	-4%	25.12	-8%

7.2.3　审核

（1）水平衡测试

生活区用水平衡如图 7-6 所示。

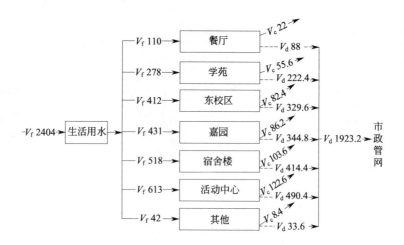

图 7-6　生活区用水平衡（单位：t/d）

（V_f 为取水量；V_c 为耗水量；V_d 为排水量）

（2）电平衡测试

生活区用电平衡如图 7-7 所示。

7.2.4　审核方案的产生与筛选

部分清洁生产方案筛选结果如表 7-17 和表 7-18 所列。

第7章 高等院校清洁生产审核案例

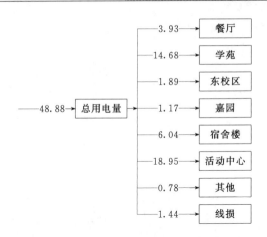

图 7-7 生活区用电平衡（单位：$10^4 \text{kW} \cdot \text{h/d}$）

表 7-17 无/低费方案筛选结果表

序号	方案名称	方案内容
1	减少一次性物品使用	减少食堂、办公等一次性物品使用,打印纸双面使用
2	西配电室更换变压器	将原有 S7-200/10 变压器更换为 SCB10-200/10 变压器
3	安装自动减压节水器	在学生公寓、教学楼的洗漱间、厕所安装自动减压节水器
4	公共场所照明安装声光控开关	对学生公寓、办公楼的楼道等公共场所安装声光控制开关,节约用电
5	学校路灯更换节能灯	学校路灯未选用节能型灯具,耗电量大,更换路灯
6	优化空调使用	存在无效调温、过度耗电现象。增加窗户密封性;拉开窗帘,导入阳光,减少空调制热;关上窗户,挡住阳光,减少空调制冷;粘贴提示标语,无人时及时关闭空调;空调每年至少清理一次;公共区域温度设定为 26~28℃
7	优化电梯运行模式	根据人员乘坐高峰时间管理电梯运行,高峰期多部运行,低峰期减半运行或仅运行一部;教学楼在节假日及夜间只运行一部电梯(特殊情况除外),减少电梯频繁启动和走走,且电梯只开通四楼以上楼层
8	减少寒假期间教室等区域暖气供应	寒假期间停止教室以及其他无人区域的供暖,降低热力消耗
9	变压器运行方式调整	部分变压器负荷率较低,尤其是放假期间,可根据用电情况减少变压器的数量,提高变压器的运行效率
10	优化教学办公设备的使用	教学和办公设备存在长时间处于开启状态,无效耗能现象。要加强教学、办公设备管理,及时关闭不使用的设备;采购有利于环保的可自动待机设备,节能的同时也可延长设备使用寿命

续表

序号	方案名称	方案内容
11	锅炉房运行控制	天然气使用量大,存在浪费。做好管道和设备密封性定时检查工作;合理控制出水温度和时间,减少燃料使用和热损失;定时检修管道,防止跑、冒、滴、漏;加强设备维修保养;避免设备空运行;落实岗位责任制
12	能耗在线监测	充分利用现有能耗在线监测系统,对学校用水、用电及供暖进行能耗的监控及评价
13	实验室用水管理控制	严格规范实验器皿的洗涤程序;科学安排实验,避免无效用水;避免水的污染浪费
14	合理设置宿舍供热水时间	减少电热开水器的运行时间,设置合理的供热水时间,深夜停止供应热水,减少电热开水器的电消耗
15	完善废物管理	医疗垃圾和实验产生的废物均为危险废物,应严格管理,避免出现安全事故
16	完善学校设备台账	学校对设备的统计不详细,只注重其名称、型号、价格等,还应对设备的功率等参数进行详细的统计
17	定期公示能耗情况	定期通过校园信息平台对学校的能耗数据进行公示,以调动全体师生的节能积极性
18	优化食堂管理模式	节约能源、资源,避免长流水;食材既要健康又要节约;根据就餐量购买;减少一次性物品的使用
19	优化宿舍管理模式	提高学生节水、节电意识,白天应及时关闭电灯;提高同学们的节能意识,避免长流水等
20	优化实验室管理	对于实验室的危险废物,一定要做好管理;减少有毒有害化学品的使用;实验室水、电浪费也很大,一定要采取措施,节约水、电等的使用

表 7-18 中/高费方案筛选结果表

序号	方案名称	针对的问题	方案简介
1	宿舍安装电力计量器具	由于宿舍空调越来越多,用电量将持续增长	对宿舍安装电力计量器具,便于节电管理
2	锅炉安装烟气余热回收装置	烟气余热没有回收利用,排烟温度较高	安装板式气水换热器回收烟气余热,降低排烟温度
3	安装节水水龙头	教学区、生活区的水龙头流量大、水压高	水龙头更换为触控式或加装节水阀
4	安装 LED 灯具	地下室、停车场等区域的灯具为普通荧光灯,基本长明	更换为 LED 灯具,并采用声控(感应)式控制方式

续表

序号	方案名称	针对的问题	方案简介
5	图书馆节电改造	阅览室、自习室的照明、空调系统电力消耗大,利用效率较低	阅览室、自习室的照明、空调控制系统节能改造
6	计算机房节能改造	原有4台艾默生CM60恒温恒湿空调,单台功率22kW	增加制冷热管复合型空调,在气温较低的秋冬季节运行,减少原空调系统运行电耗
7	餐厅节能灶改造	学生餐厅内灶具主要为传统蓝焰灶具,热损失较大	灶具全部改造成节能型灶具,实现红外辐射传热替代传统蓝焰对流传热,热损失明显减少
8	换热站余热回收及宾馆热水/空调节能改造	校区市政供热换热站冬季运行期间由于换热设备散热,室内温度较高,室温在35~40℃,余热资源丰富	换热站安装空气源热泵,冬季利用换热站降温产生的热量给宾馆和留学生公寓供生活热水;非采暖季节空气源热泵供热水;夏季利用空气源热泵制热水产生的冷量给宾馆的餐厅供冷风
9	更换高效节能型设备	餐厅和实验室等使用高耗能设备	将高耗能机电产品更换为节能型设备,提高电力利用效率
10	安装锅炉低氮燃烧器	现阶段学校采暖锅炉NO_x排放浓度超标	安装全预混金属纤维燃烧器,降低氮氧化物的排放浓度

7.2.5 中/高费方案可行性分析

(1) 宿舍安装电力计量器具

由于宿舍空调越来越多,用电量必将持续增长,通过对宿舍安装电力计量器具,实现分户计量,遵循"多使用,多付费"原则,引导学生合理用电。

宿舍空调以1匹空调、功率735W、数量2000台计,年运行3个月,每天运行4h,用电量预计5.3×10^5kW·h/a,按照节电5%计算,每年预计节电2.65×10^4kW·h/a,节约电费1.33万元/年。安装电表总投资30万元,虽然投资回收期较长,但是有利于能源管理、分别计量和统计分析。

(2) 锅炉安装烟气余热回收装置

学校对东校区锅炉安装板式气水换热器回收烟气余热,降低排烟温度,烟气先进入板式气水换热器将水箱的来水加热到55℃,烟温降到70℃。现有3台热水锅炉,2台4t/h,1台6t/h,经监测排烟温度高达150℃,按照东校区锅炉的改造方案,对学苑锅炉房锅炉进行烟气余热回收节能改造。

3台锅炉的天然气消耗量为 $1.35 \times 10^6 \mathrm{m}^3/\mathrm{a}$，按照东区节约燃气 5.6% 计算，可以节约燃气 $7.6 \times 10^4 \mathrm{m}^3/\mathrm{a}$，折合 21.6 万元/年。项目投资主要用于购买烟气余热回收专用一体热泵机组，根据热回收规模，投资约 57 万元。

(3) 安装节水水龙头

生活区的水龙头大多数为普通水龙头，水流量大。建议将教学区、生活区的水龙头更换为红外感应水龙头或者加装节水阀，节约用水。

学校生活区用水量达 766701.16t，按照更换前水龙头的用水量占 20% 计算，节水保守估算 30%，可以节约用水 $4.6 \times 10^4 \mathrm{t}/\mathrm{a}$。一个节水阀仅为 20 元左右，安装数量按 5000 个计算，总投资达到 10 万元，每年节约水费 27.6 万元。

(4) 安装 LED 灯具

学校已经将校内道路、教学区、生活区的照明电源更换为 LED 灯具。部分地下室、停车场等区域的灯具仍为普通节能灯，总数量预计 2000 支，将这些灯具逐步更换为 LED 灯具，并采用声控（感应）式控制方式进行管理。按单支 150 元计，总计 30 万元。更换后单支灯具功率由 40W 降低至 18W，按照更换 2000 支计算，预计节电 $1.93 \times 10^5 \mathrm{kW} \cdot \mathrm{h}/\mathrm{a}$，折合标煤 23.7t，节约电费 9.7 万元/年。

(5) 图书馆节电改造

主校区图书馆的建筑面积为 $12065 \mathrm{m}^2$，该馆阅览室有 T5 灯具 1206 支，公共区域照明灯具 138 支，运行中照明、空调用电量较高等，有必要对该馆用能采取进一步总体管控措施，进行综合节能改造。

项目总投资 50 万元。据统计，图书馆全年用电量为 $7.0396 \times 10^5 \mathrm{kW} \cdot \mathrm{h}$，综合节电率预计 30%，年节电 $2.1 \times 10^5 \mathrm{kW} \cdot \mathrm{h}/\mathrm{a}$，折合标煤 25.8t，节约电费 10.5 万元/年。

(6) 计算机房节能改造

计算机房面积约 $350 \mathrm{m}^2$，共有 12 列机柜。机房内共配置了 4 套恒温恒湿空调，制冷量为 58.4kW，显冷量为 51.4kW，功率为 22kW，送风量为 $16200 \mathrm{m}^3/\mathrm{h}$，送风均采用地板下送风，顶部风管回风。为了达到最佳的节能效果，考虑使用自然节能空调机组，选用机房热管空调共计 6 台，总制冷量 72kW。当温差达到 20℃ 时总制冷量为 132kW。项目投资 30 万元，实施后每年节约电费 8.4 万元。

(7) 餐厅节能灶改造

餐厅采用的灶具有各种炉头、大锅灶、蒸灶、三眼灶共计154个,全部为传统灶具,计划全部改造成节能型灶具。节能型灶具采用红外辐射传热替代传统蓝焰对流传热,热损失明显减少,热效率提高30%以上;具有起锅停火、自动点火功能,减少频繁起锅时的燃气消耗;CO排放降低2/3,NO_x降低99%;不回火,寿命长,控制自如,维护简单,投入成本低。

改造后,平均节能率为40%。改造后年节气$3.32\times10^5 m^3$,折合标煤403.1t。该项目投资62万元,实施后节约燃气费76万元/年,一年内收回投资。

(8) 换热站余热回收及红果园宾馆热水/空调节能改造

主校区市政供热换热站冬季运行期间由于换热设备散热,室内温度较高,室温为35~40℃,可利用空气源热泵的特性将空气降温的同时产生热水。

每天产热水43t,每年运行300d,共可节约11.1585万元,夏季空调节约电费0.84万元,共降低运行费用12万元/年,投资23万元,2年内收回投资。

(9) 更换高效节能型设备

学校部分在用设备属于Y1和Y2系列设备,这部分设备效率较低。建议参考《高耗能落后机电设备(产品)淘汰目录》将以上设备更换为YE或YX系列电机。淘汰设备的总功率为135kW,按节电率5%计,节电2000kW·h/a。该方案投资10万元,实施后节电费用0.1万元,经济效益一般,但是从长远来看有利于促进学校进一步提高能源利用效率,同时也是国家政策的必然要求。

(10) 安装锅炉低氮燃烧器

学校锅炉烟气中NO_x实际排放浓度为$129mg/m^3$,折算排放浓度为$145mg/m^3$,不符合$80mg/m^3$的要求。学校现有6台燃气供暖锅炉,其中4t锅炉2台,6t锅炉4台。经估算,每台锅炉的改造费用为50万元,总投资300万元。

7.2.6 实施效果分析

已实施无/低费方案20项,中/高费方案10项,总投资392.8万元,节

电 6.91×10^5 kW·h/a，节水 6.5×10^4 t/a，减排废水 5.2×10^4 t/a，节约天然气 3.32×10^5 m³/a，综合经济效益为 144.5 万元/年。

本轮清洁生产审核目标完成情况见表 7-19。

表 7-19 本轮清洁生产审核目标完成情况一览表

序号	指标项目	方案实施前指标值	方案实施后指标值	近期目标 绝对量	近期目标 消减率	指标完成率
1	人均电消耗量 /[kW·h/(人·a)]	1373.727	1346.0	1359.99	−1%	−2%
2	人均水消耗量 /[m³/(人·a)]	46.34	43.74	44.49	−4%	−6%
3	人均废水产生量 /[m³/(人·a)]	27.3	25.22	26.21	−4%	−8%

7.2.7 持续清洁生产

通过开展清洁生产审核，学校深刻认识到污染预防和过程控制的重要性，方案的实施使学校获得了较为明显的经济效益和环境效益。学校决定将清洁生产审核纳入日常管理中，使其组织化、制度化和持续化。持续清洁生产的工作重点是健全学校清洁生产组织机构、完善学校清洁生产管理制度和奖励办法、制订持续清洁生产计划以及持续开展清洁生产宣传和培训。

第8章 高等院校清洁生产组织模式和促进机制

8.1 清洁生产组织模式

8.1.1 健全政策标准体系

加强对高等院校推行清洁生产的综合引导,认真贯彻国家规定的有关环境保护、节能节水、资源综合利用等清洁生产相关优惠政策,结合实际情况,研究完善具体的配套扶持措施。制定有利于高等院校清洁生产的产业政策、技术开发和推广政策。完善高等院校清洁生产评价指标体系,发布面向高等院校的清洁生产技术、工艺、设备和产品推荐目录。健全高等院校的能源、水资源消费和污染排放计量、统计、监测、评价等相关标准及管理规范。

开展清洁生产评价指标体系等相关标准的实施效果评估,评价高等院校推行清洁生产工作取得的效果和存在的问题,根据节能环保工作要求和行业发展状况适时修订标准。

充分发挥行业协会、科研机构的作用,针对政府管理部门、行业协会、企事业单位等不同对象,开展清洁生产相关标准的宣贯和培训工作。

8.1.2 完善审核方法体系

研究完善高等院校清洁生产评估管理方法学。考虑以综合能耗、资源消耗量、污染物排放量等为依据，筛选需要开展清洁生产审核的单位，确保将清洁生产审核补助经费落到实处，见到实效。利用清洁生产审核名单制度，依据《中华人民共和国清洁生产促进法》，综合考虑资源能源消耗、环境污染、产业结构调整等因素，定期公布清洁生产审核单位名单。

研究完善高等院校清洁生产审核基础方法学。以现有清洁生产审核的方法学为基础，研究完善针对不同高等院校识别清洁生产审核重点的综合性、系统性方法学。

编制发布高等院校清洁生产实施指南，建立高等院校清洁生产审核绩效跟踪与后评估机制，研究建立审核绩效评估方法。探索将清洁生产审核实施效果与节能减排目标挂钩的核算依据和方法。

8.1.3　构筑组织实施体系

（1）健全政府机制引导

落实《中华人民共和国清洁生产促进法》的相关要求，建立完善由市级清洁生产综合协调部门牵头、各市级行业主管部门参与的组织推进体系，健全高等院校清洁生产协调联动的工作机制，形成多部门统筹协调、齐抓共管的高等院校清洁生产促进合力。

（2）完善清洁生产制度

引导企业强化环境责任，选取高等院校典型单位，试点建立内部清洁生产组织机构，建立清洁生产责任制度。将清洁生产目标纳入单位发展规划，组织开展清洁生产。

（3）加强组织与推进实施

发挥行业协会、社会团体的作用，鼓励有条件的院校成立行业清洁生产中心或技术联盟，指导院校推行清洁生产，加强清洁生产技术装备研发和应用推广，提高院校内部自主清洁生产审核和实施的能力。

8.1.4　搭建市场服务体系

（1）建立信息服务系统

建设覆盖高等院校的清洁生产工作信息服务系统，向社会提供有关清洁生产方法和技术、可再生利用的废物供求以及清洁生产政策等方面的信息和服务。

① 信息资讯与交流平台网络，宣传和推广清洁生产企业和成熟的清洁生产技术，连接企业和技术市场。

② 建立政府清洁生产项目在线申报网络，实施清洁生产审核及项目网上申报。

③ 建立清洁生产技术服务单位与专家数据库、清洁生产项目库、清洁生产审核单位数据库，实现清洁生产工作的信息化和系统化。

(2) 构建技术支撑体系

鼓励行业龙头企业积极与高等院校、科研院所开展清洁生产共性技术和关键技术研究、应用和推广，共建清洁生产技术推广服务平台或行业清洁生产促进联盟。支持节能环保企业和规划设计研究咨询机构大力开发面向服务业清洁生产的技术、设备与解决方案，开展管理创新研究。

(3) 培育咨询服务市场

① 鼓励发展高等院校清洁生产审核及相关的能源审计、合同能源管理、节能监测等节能环保中介服务业，支持中介机构提升高等院校的清洁生产业务能力。

② 实行咨询服务机构清洁生产咨询资质分类管理。咨询服务机构除了具备规定的专业技术人员数量和培训资质外，还要根据其具备的行业技术人员情况，确认能够从事咨询服务的特定行业类型。

③ 加强对高等院校清洁生产审核等中介服务机构的培训扶持、监督管理，完善市场准入和退出机制，不断规范服务市场。针对退出机制的建设，有些省市的做法值得借鉴。例如，安徽省规定，若一年内咨询公司提供咨询服务的企业有两个不通过，咨询公司要停业一年。

④ 鼓励北京市服务业清洁生产审核中介服务机构面向京津冀地区乃至全国进行拓展，形成服务北京、辐射全国的清洁生产市场服务体系。

8.1.5 夯实基础支撑体系

科学细化服务业能耗、水耗计量。对能耗较大的高等院校，试点开展智能化能源计量器具的配备工作,推动各重点企业逐步规范能源、水计量器具配备。鼓励重点企业安装具有在线采集、远传、智能功能的能源、水计量器具,逐步推动企业建立能源计量管理系统,实现计量数据在线采集、实时监测。加强能源计量工作审查评价。

健全高等院校能耗、水耗统计,试点开展物耗统计。研究建立高等院校的能耗统计指标及评价方法。分析能耗、水耗与物耗的特点及其投入产出绩效,支持以高等院校为主体试点开展物耗统计和物质流平衡分析。

加强高等院校能耗、水耗及污染物排放监测。整合现有各类大型公共建筑和重点用能单位的节能在线监测系统,建立数据定期反馈和沟通机制,建成统筹联动的节能监测服务平台。建立中央空调在线计量监控系统,实现对空调能耗、水耗的有效监控。

8.1.6 创建示范引导体系

创建一批高等院校清洁生产示范项目。整合利用各类服务业清洁生产技术手段,重点抓好高耗能、高耗水、高污染的行业技术攻关和节能减排技术的研发、推广。支持服务业企事业单位高标准实施一批从初始设计、建设、改造到消费全过程,集技术、管理和行为于一体的综合改造示范项目,为同行业深入开展清洁生产改造树立标杆。发布服务业清洁生产典型项目案例,开展高等院校清洁生产交流和成果展示,推广成熟的清洁生产技术和解决方案。

创建一批高等院校清洁生产示范单位。针对企事业单位,围绕建立清洁生产管理体系、规范开展清洁生产审核、采用清洁生产先进技术、系统实施清洁生产方案等内容,培育一批高标准开展清洁生产的示范单位,树立典型,带动其他高等院校全面实施清洁生产。

8.2 清洁生产鼓励政策及约束机制

8.2.1 鼓励政策

(1) 资金支持

支持服务业企事业单位开展清洁生产审核。以北京市为例,通过清洁生产审核评估的单位可享受审核费用补助。试点单位为非公共机构的,对实际发生金额 10 万元以下的审核费用给予全额补助，实际发生金额超过 10 万元以上的部分给予 50% 补助，最高审核费用补助额度不超过 15 万元。试点单位为公共机构的，根据实际发生的审核费用给予全额补助，最高补助额度不超过 15 万元。对清洁生产实施单位在审核中提出的中/高费项目给予一定的资金支持。根据实施单位全部清洁生产项目的综合投入、进度计划、进展情况及预期成效等方面，确定补助项目及补助资金。单个项目补助标准原则上不得超过项目总投资额的 30%；单个项目补助金额最高不超过 2000 万元。中/高费项目补助资金分批拨付，清洁生产绩效验收前拨付 70% 补助资金，剩余资金在实施单位通过清洁生产绩效验收后拨付。

(2) 表彰奖励

建立清洁生产表彰奖励制度，对在清洁生产工作中做出显著成绩的单位和个人给予表彰和奖励。各级政府、行业协会、实施单位应当根据实际情况建立相应的清洁生产表彰奖励制度，对表现突出的人员给予一定的奖励。相关主管部门优先推荐通过清洁生产绩效验收的实施单位参加国家和地方组织的先进单位评比、试点示范单位创建活动。鼓励财政部门对通过清洁生产绩效验收的实施单位给予资金奖励。

(3) 税收优惠

税收作为一种重要的经济手段，对清洁生产的推行具有重要的引导与刺激作用。因此，改革资源税与消费税，如扩大资源税的征税范围，对以难降解、有污染效应的物质为原料，仍沿用落后技术和工艺进行生产的可能导致环境污染的产品，以及一次性使用的产品要征收消费税。开征环境税，并不是简单地增加企业的税负，而是在总税负基本不变的情况下调整税收结构，通过税收对企业的环境绩效进行评判，奖优罚劣。具体来说，环境税应实行超额累进税率，充分体现污染者付费、多污染多付费的原则。环境税这个新税种开征后，逐渐提高环境税率，降低其他税收，通过"绿色税收改革"促进清洁生产的推广。

8.2.2 约束机制

(1) 建立环境准入和淘汰机制

综合考虑清洁生产评价指标体系、取水定额、能耗限额等要求，逐步建立服务业相关行业环境准入制度。在服务业项目审批和建设阶段，强调生态设计，从源头降低资源、能源消耗和污染物排放。在运营阶段，根据相关行业准入制度的要求，针对资源能源消耗、污染物排放等问题开展专项检查工作，对不符合要求的项目限期治理或淘汰。

（2）依法开展清洁生产审核

根据《中华人民共和国清洁生产促进法》第三十九条，不实施强制性清洁生产审核或者在清洁生产审核中弄虚作假的，或者实施强制性清洁生产审核的企业不报告或者不如实报告审核结果的，由县级以上地方人民政府负责清洁生产综合协调的部门、环境保护部门按照职责分工责令限期改正，拒不改正的，处以五万元以上五十万元以下的罚款。

根据《北京市清洁生产管理办法》（京发改规〔2013〕6号）相关规定，北京市对清洁生产审核实行名单管理制度，纳入审核名单的实施单位应按要求组织清洁生产审核。其中，强制性审核实施单位在名单公布之日起2个月内向相关部门提交审核计划，1年内向相关部门提交清洁生产审核报告，同时向社会媒体公布清洁生产目标、改进措施、实施周期等审核结果，接受公众监督，涉及商业秘密的除外。

（3）建立信息公开制度

做好信息公开。清洁生产管理部门应定期发布开展清洁生产审核、通过清洁生产审核评估和通过绩效验收的单位名单。实施强制性清洁生产审核的单位应当按规定进行信息公开，将审核结果在本区（县）主要媒体上公布，接受公众监督，涉及商业秘密的除外。

（4）严格环境监督管理

行业主管部门应严格执行环境管理和监督。对不采用清洁生产工艺和技术的服务业企事业单位，限制其经营许可的颁发，金融机构不予贷款；对严重污染环境、能耗水耗过高的单位，不采用清洁生产工艺、技术进行技术改造的，行业主管部门不得批准其恢复运营。

参考文献

[1] 杨永杰. 环境保护与清洁生产 [M]. 北京：化学工业出版社，1996.

[2] 张天柱. 中国清洁生产的十年 [J]. 产业与环境（增刊），2003：21-26.

[3] 车卉淳. 可持续发展框架下的清洁生产问题分析 [J]. 物流经济, 2007, 11: 52-53.
[4] 宋永欣. 清洁生产、循环经济与可持续发展 [J]. 中国资源综合利用, 2008 (4): 19-21.
[5] 周耀东. 清洁生产、节能减排是企业可持续发展必由之路 [J]. 环境科学, 2008, 37 (2): 60-62.
[6] 郑可. 清洁生产是实施可持续发展战略的主要环节 [J]. 现代制造技术与装备, 2008 (2): 4-5.

附录 行业政策类和技术类文件

1 政策类文件

1.1 《关于加强高等学校实验室排污管理的通知》

教育部、原国家环保总局《关于加强高等学校实验室排污管理的通知》（教技〔2005〕3号）部分要求如下。

① 地方各级教育行政部门要建立健全高校实验室排污管理制度，指导、监督所在地高校实验室按照国家有关环境保护的法律法规，加强实验过程中的废气、废液、固体废物、噪声、辐射等污染防治工作，积极支持有利于环境与资源保护的实验技术和方法的研究、开发以及示范和推广工作。

② 地方各级环境保护行政主管部门，应对本辖区高校实验室严格执行排污申报登记制度、危险废物污染监控与处置制度、新化学物质环境管理制度、放射源与射线装置安全许可制度等，要全面做到稳定达标排放，有效防治高校实验室排污对环境和公众安全的影响，协同促进高等教育和科技事业的健康发展。

③ 各高校应切实履行国家、地方环境保护法规和制度，落实专人负责环境保护工作，建立健全本校实验室排污管理规章制度和环境保护责任制，

加强相关科研人员、研究生的环保教育和培训工作，把环境保护工作尤其是实验室排污管理纳入学校日常工作计划中，将实验室污染防治费用纳入学校年度预算中。

实验室应定期登记和汇总本实验室各类试剂采购的种类和数量，存档、备查并报当地环境保护行政主管部门。实验室科研教学活动中产生和排放的废气、废液、固体废物、噪声、放射性等污染物，应按环境保护行政主管部门的要求进行申报登记、收集、运输和处置。严禁把废气、废液、废渣和废弃化学品等污染物直接向外界排放。

废气、废液、固体废物、噪声、放射性等污染物排放频繁、超出排放标准的实验室，应安装符合环境保护要求的污染治理设施，保证污染治理设施处于正常工作状态并达标排放。不能自行处理的废物，必须交由环境保护行政主管部门认可、持有危险废物经营许可证的单位处置。

危险废物的暂存、交换、运送和处置应严格执行转移联单制度，接触危险物品的实验室器皿、包装物等，必须完全消除危害后，才能改为他用或废弃。

对使用性质调整、改变或废弃的实验室、试验场等，应在彻底消除污染隐患后，向当地环境保护行政主管部门登记备案；禁止将废弃药品以及已受污染的场地、建筑物、设备、器皿等转移给不具备污染治理条件的单位或个人使用；禁止丢弃有毒有害固体废物、废液等。

④ 提倡实验室采用无毒、无害或者低毒、低害的试剂，替代毒性大、危害严重的试剂；采用试剂利用率高、污染物产生量少的实验方法和设备；应尽可能减少危险化学物品和生物物品的使用；必须使用的，要采取有效的措施，降低排放量，并分类收集和处理，以降低其危险性。鼓励高校实验室之间建立信息共享、试剂交换机制，尽可能地提高利用率，最大限度地降低试剂库存发生污染的危险。

⑤ 有污染物排放的实验室、试验场要建立环境污染事故预防和应急体系及报告机制，制订突发环境污染事件应急预案并配备应急设备，防止环境污染事故的发生。

1.2 《关于建设节约型学校的通知》

教育部《关于建设节约型学校的通知》（教发〔2006〕3号）提出以下

七方面要求。

① 要充分认识建设节约型学校的重要意义。

② 各地各学校要把建设节约型学校作为学校发展战略列入"十一五"规划和中长期发展规划中。

③ 要积极推进技术进步,提高资源利用率。

④ 要加强制度建设,深入推进管理体制和运行机制改革。

⑤ 要加强节能节约资源新技术的运用和研究开发。

⑥ 要在学校日常工作中加强节约管理。

⑦ 要加强节约资源的宣传教育,强化师生员工的节约意识。

1.3 《关于开展节能减排学校行动的通知》

教育部《关于开展节能减排学校行动的通知》(教发〔2007〕19号)提出"节能减排校园行动"的主要内容如下。

① 全面采取节能减排措施。各地教育行政部门和各级各类学校要结合本地本校实际,认真贯彻《教育部关于建设节约型学校的通知》(教发〔2006〕3号)精神,强化师生员工的节能环保意识,从学校发展、建设及日常运行管理的全局出发,对节能、节水、环保工作进行统筹规划。要建立健全节能环保制度,做好学校发展和校园建设规划,加强基本建设、维修改造及日常工作、学习、生活运行过程中的节能环保管理,严格执行国家节能环保标准,积极采用新技术、新工艺、新设备,节约每一滴水、每一度电、每一粒粮食、每一张纸,节约资源、保护环境。

② 加强节能环保知识教育。在学校教育教学中充实丰富节能、环保教育内容,将节能、节水、节地、节粮、节材等教育内容,以灵活多样的形式,纳入学校课堂教学中,真正落实节能环保进学校、进课堂。

③ 组织开展以节能减排为内容的学校主题教育活动和学生社会宣传活动。采取各种生动活泼、青少年儿童喜闻乐见的教育和宣传形式,引导学生树立节能环保的观念,关注生活中的节约方式,学习和寻找节能的窍门和方法,熟悉要求、宣传群众、教育自己。

④ 开展节能环保社会实践活动。开发和建设一批满足广大学生尤其是中小学生参加节能环保社会实践活动需要的基地,方便学生开展以节能环保为主题的社会实践活动,使学生深化环保意识、掌握环保技能、养成环保习

惯。组织学生节能减排科技创新活动，开展大学生节能减排社会实践和科技竞赛。

⑤ 营造节能减排校园文化。编写适合中小学宣传节能环保教育的挂图和光盘，免费发放到中小学校。利用各种方式，在广大师生中开展节能、环保宣传活动，营造良好的校园文化氛围。

⑥ 探索推广教科书的循环使用。结合农村义务教育试行免费教科书制度，开展教科书的循环使用试点工作，总结经验、逐步推广。

1.4 《高等学校节约型校园建设管理与技术导则（试行）》

《高等学校节约型校园建设管理与技术导则（试行）》（建科〔2008〕89号）包括前言、总则、术语、基本原则、监管体系、节约型校园建设技术要点、宣传教育、高等学校节约型校园考核评价办法等内容。其中，节约型校园建设技术要点从建设阶段、运行维护阶段、各类建筑节约专项措施等方面提出具体要求。部分内容如下所述。

（1）教学建筑

1）照明节能措施

通过管理措施和技术手段，避免教室白天开灯、无人开灯、人少大面积开灯等电力空耗现象。对物业管理部门应落实岗位责任制，采取适当的方式如根据学生人数分层分区开放教室等措施限制教室开放数量。

2）空调系统节能措施

① 根据学校寒暑假特点，制订相应的节能运行策略。

② 采取有效措施监控教室空调设备的开停，避免课后空开现象。

③ 对于南方的高校，建议采用风扇与空调结合的方式。

3）教学设备节能措施

① 采取有效措施监控多媒体设备的使用状况，减少空开或待机电耗。

② 严格管理计算机房设备，采取措施减少待机电耗。

（2）办公建筑

1）减少待机电耗

办公室用电设备（计算机、打印机、饮水机等）应根据使用情况设置节能模式或及时关机。

2) 合理使用空调

过渡季节延缓空调开启时间,尽量以电风扇取代空调;开空调时关闭门窗,室内制冷温度应设置在 26℃ 以上,制热温度应设置在 20℃ 以下;提倡下班前半小时关闭空调,室内无人时应关闭空调电源。

3) 照明节能

充分利用自然光照,晴天时少开灯;人少时少开灯;长时间离开办公室或下班后要关闭照明电源。

(3) 科研实验楼

① 除严格执行办公建筑各类专项措施外,对高耗能、高耗水的实验仪器、设备应专人负责,专项管理,做到节约使用。

② 本着"谁用能,谁付费"的原则,能源费用计入科研业务费成本中。

③ 特殊要求的实验室,可以采取有针对性的空调节能措施。

(4) 学生宿舍

① 开展学生宿舍节约型校园建设宣传活动,倡导校园节约风尚。在宿舍公示电耗、水耗数据,通过节电、节水竞赛等方式,加强学生节约水电的意识,量化节约成果,并配套实施,相关奖惩措施。

② 积极采用节能型供热水、用水设备,应及时改造原有陈旧、能效低的设备。可重点结合校园学生集中浴室等设施,实施再生能源利用、废热回收利用、中水利用、节能节水运行管理措施。

③ 将节能内容纳入学生宿舍的住宿规定中。通过实施定时熄灯、晚间限时断电、插卡用水等措施,强化宿舍能耗管理。禁止学生宿舍使用电炉、电暖气、电饭锅、热得快等电器。

(5) 学生食堂

① 倡导节约粮食,反对浪费,制止不文明的就餐行为。

② 加强内部管理,从源头上节约和控制采购成本;对食堂员工严格要求,加强制度建设,强化操作程序,在清洗、烹调、消毒过程中,充分注重节约水、电、气等资源。

③ 树立绿色环保理念,不使用一次性餐具和筷子,提供经高温严格消毒的餐具,以节约资源。

(6) 学生浴室

学生集中浴室是校园生活设施中的耗水、耗能大户,应根据地域条件和校园条件合理采用太阳能、地热能等可再生能源;应积极采用洗浴废水的热回收及中水回用处理技术;导入 IC 卡节水管理系统及节水型设备。

(7) 校园分散设施能耗远程监控系统

分类分项计量把握校园设施的能耗状况,确定重点用能部位或设施。积极采用现代化通信、网络技术,建立校园设施能耗远程监控系统。对高能耗建筑或设施以及校园能耗的主要参数进行实时在线监测。

1.5 《关于印发北京市教育系统"十二五"节能减排学校行动计划的通知》

北京市教育委员会《关于印发北京市教育系统"十二五"节能减排学校行动计划的通知》(京教勤〔2012〕1号)包括指导思想与工作原则、主要目标与实施措施、重点项目、保障措施、"十二五"期间具体工作安排等内容。其中,重点项目要求如下。

(1) 开展节能减排教育

将节能减排作为教育系统的重要内容。开发相关节能减排中小学地方课程,继续加强节能减排特色专业示范教室、节能减排教育基地建设,开发、利用与拓展节能减排教育资源。

继续深化节能减排知识大赛、文艺调演、节能减排运动会等品牌教育活动,积极组织学生开展节能减排科技创新、科技竞赛等丰富多彩的主题教育活动和社会宣传活动,加强学生对节能减排的认识、判断,培养学生有效参与处理节能减排问题的能力,使学生全面掌握节能减排知识和技能。

(2) 开展节能减排示范校建设

在开展节能减排各项活动的基础上,推进节能减排示范校评选工作,促进全市各级各类节约型学校建设工作。

(3) 加强节能减排培训交流

以培养满足区域经济发展与城市化建设需要的队伍建设为目标,完善节能减排专家团队,分层培训校长教师,拓展青少年节能减排志愿者队伍,建立一支结构优化、梯队合理的专业队伍。

(4) 建立学校与社会合作机制

基础知识训练与实践能力培养并重,引入社会资源参与到学校节能减排建设与人才培养中。加强高校节能专业建设及科技创新,地方院校应根据区域经济发展需求,与科研单位、企业合作,建立产学研相结合的低碳技术与节能减排技术联盟,推进科技创新队伍的建设,促进企业节能减排科技的创新,提高区域自主创新能力,努力为区域经济发展培养节能减排技术应用型人才。

(5) 建设学校检测平台与科学设置监测指标体系

建设学校检测平台与科学设置监测指标体系,对能耗指标的数据质量进行监测,实现各项能耗指标的跟踪与监控;通过校园能源管理及能源审计、能效监测考核等措施,推进教育系统绿色能源、厨余垃圾回收与就地处理、节能灯更换等节能减排设施的推广应用。

1.6 《关于勤俭节约办教育 建设节约型校园的通知》

教育部《关于勤俭节约办教育 建设节约型校园的通知》(教发〔2013〕4号)提出以下六方面要求。

① 充分认识勤俭节约办教育、建设节约型校园的重要意义。
② 加强制度建设,建立健全促进节约的规章制度。
③ 严格开支标准,控制各项经费支出。
④ 抓住关键环节,实行精细化管理。
⑤ 加强宣传教育,培育节约型校园文化。
⑥ 加强组织领导和监督检查,狠抓工作落实。

2 技术类文件

2.1 《建筑照明设计标准》

《建筑照明设计标准》(GB 50034—2013) 中对图书馆和教育建筑的照明标准值的规定如附表1、附表2所列。

附表1 图书馆建筑照明标准值

房间或场所	参考平面及其高度	照度标准值/lx	U_0	UGR	R_a
一般阅览室、开放式阅览室	0.75m 水平面	300	19	0.6	80
多媒体阅览室	0.75m 水平面	300	19	0.6	80
老年阅览室	0.75m 水平面	500	19	0.7	80
珍善本、舆图阅览室	0.75m 水平面	500	19	0.6	80
陈列室、目录厅(室)、出纳厅	0.75m 水平面	300	19	0.6	80
档案库	0.75m 水平面	200	19	0.6	80
书库、书架	0.75m 垂直面	50	19	0.4	80
工作间	0.75m 水平面	300	19	0.6	80
采编、修复工作间	0.75m 水平面	500	19	0.6	80

附表2 教育建筑照明标准值

房间或场所	参考平面及其高度	照度标准值/lx	U_0	UGR	R_a
教室、阅览室	课桌面	300	19	0.6	80
实验室	实验桌面	300	19	0.6	80
美术教室	桌面	500	19	0.6	90
多媒体教室	0.75m 水平面	300	19	0.6	80
电子信息机房	0.75m 水平面	500	19	0.6	80
计算机教室、电子阅览室	0.75m 水平面	500	19	0.6	80
楼梯间	地面	100	22	0.4	80
教室黑板	黑板面	500①	—	0.7	80
学生宿舍	地面	150	22	0.4	80

① 该值指混合照明照度。

2.2 《建筑给水排水设计规范》

《建筑给水排水设计规范》(2009年版)(GB 50015—2003)部分内容见附表3和附表4。

附表3 宿舍、旅馆和公共建筑生活用水定额及小时变化系数

建筑物名称	单位	最高日生活用水定额/L	使用时数/h	小时变化系数 K_h
宿舍				
Ⅰ类、Ⅱ类	每人每日	150~200	24	3.0~2.5
Ⅲ类、Ⅳ类	每人每日	100~150	24	3.5~2.0
图书馆	每人每日	5~10	8~10	15~1.2

续表

建筑物名称	单位	最高日生活用水定额/L	使用时数/h	小时变化系数 K_h
教学、实验室 高等院校	每生每日	40～50	8～9	1.5～1.2
体育场(馆) 运动员淋浴 观众	每人每场 每人每场	30～40 3	— 4	3.0～2.0 1.2

附表4　卫生器具的给水额定流量、当量、连接管公称管径和最低工作压力

给水配件名称	额定流量/(L/s)	当量	连接管公称管径/mm	最低工作压力/MPa
洗涤盆、拖布盆、盥洗槽				
单阀水嘴	0.15～0.20	0.75～1.00	15	
单阀水嘴	0.30～0.40	1.50～2.00	20	0.050
混合水嘴	0.15～0.20(0.14)	0.75～1.00(0.70)	15	
洗脸盆				
单阀水嘴	0.15	0.75	15	0.050
混合水嘴	0.15(0.10)	0.75(0.50)	15	
淋浴器				
混合阀	0.15(0.10)	0.75(0.50)	15	0.050～0.100
大便器				
冲洗水箱浮球阀	0.10	0.50	15	0.020
延时自闭式冲洗阀	1.20	6.00	25	0.100～0.150
实验室化验水嘴(鹅颈)				
单联	0.07	0.35	15	0.020
双联	0.15	0.75	15	0.020
三联	0.20	1.00	15	0.020

2.3　《餐饮业大气污染物排放标准》

《餐饮业大气污染物排放标准》(DB11/1488—2018)主要内容见附表5。

附表5　大气污染物最高允许排放浓度

序号	污染物项目	最高允许排放浓度/(mg/m³)
1	油烟	1.0
2	颗粒物	5.0
3	非甲烷总烃	10.0

2.4 《水污染物综合排放标准》

北京市地方标准《水污染物综合排放标准》(DB11/307—2013)的主要内容见附表6和附表7。

附表6 排入地表水体及其汇水范围的水污染物排放限值

序号	污染物或项目名称	一级限值 A	一级限值 B	二级限值	三级限值
1	pH值(无量纲)	6.5~8.5	6.5~8.5	6~9	6~9
2	悬浮物(SS)/(mg/L)	10	30	50	80
3	五日生化需氧量(BOD_5)/(mg/L)	5.0	15	20	30
4	化学需氧量(COD_{Cr})/(mg/L)	15	50	60	100
5	动植物油/(mg/L)	1.0	5.0	10	15
6	氨氮/(mg/L)	2.0	5.0	10	15

附表7 排入城镇污水处理厂的水污染物排放限值

序号	污染物或项目名称	限值
1	pH值(无量纲)	6~9
2	悬浮物(SS)/(mg/L)	400
3	五日生化需氧量(BOD_5)/(mg/L)	300
4	化学需氧量(COD_{Cr})/(mg/L)	500
5	动植物油/(mg/L)	100

2.5 《高等学校合理用能指南》

《高等学校合理用能指南》(DB11/T 1334—2016)于2016年4月27日发布,2016年8月1日实施。

该标准规定了高等学校合理用能的基本要求和节能运行。该标准适用于普通高等学校、成人高等学校的能源使用管理,其他高校可参照执行。

该标准从供暖与空调系统、照明系统、给排水系统、变配电系统、建筑设备监控系统、信息机房、其他用能设备及系统等方面提出节能运行要求。

如照明设备和技术应符合以下要求:

① 照明系统应采用节能灯具，不采用国家或本市限制和禁止使用的产品；

② 灯管及反射罩每年定期清洗，及时更新损坏光源；

③ 照明灯具安装反光罩，使灯具的光投射到指定部位，得到有效利用；

④ 路灯宜采用太阳能路灯；

⑤ 合理采用天窗、导光管等自然采光措施减少人工照明；

⑥ 景观照明宜按照区域景观照明开启要求设置开启模式；

⑦ 采用集中控制系统，按不同使用模式进行分等级或分灯区控制；

⑧ 公共走道等区域采用声、光感应照明；

⑨ 地下车库等公共区域宜采用 LED 照明，并采用智能控制方式；

⑩ 路灯隔盏控制，加装光控装置；根据季节变化调整光控感应装置；根据实际使用情况（如放假期间、不同路段）间隔开启路灯；

⑪ 草坪及建筑物轮廓景观灯，根据节假日和非节假日的不同需求，设置不同的开启模式；

⑫ 学生宿舍照明实施定时熄灯制度；

⑬ 对教室、图书馆等公共照明进行有效的分区、分时控制；

⑭ 制订寒暑假期间教室等公共场合的照明节能控制措施；

⑮ 可安装智能照明节电器，降低照明系统的能耗。

2.6 《高等学校能源消耗限额》

《高等学校能源消耗限额》（DB11/T 1267—2015）于 2015 年 12 月 30 日发布，2016 年 4 月 1 日实施。

该标准规定了高等学校电力、供暖用热和天然气能源消耗的限额、技术要求、统计范围、计算方法及节能管理与技术措施等内容。

该标准适用于高等学校电力、供暖用热、天然气的用能管理。

高等学校按用能特点分为以下三类：

① 第一类用能单位为理工及综合类学校；

② 第二类用能单位为文史、财经、师范及政法类学校；

③ 第三类用能单位为高职及专业类学校。

具体指标见附表 8～附表 11。

附录　行业政策类和技术类文件

附表 8　高等学校电耗限额　　单位：kW·h/(人·a)

用能单位类型	限定值	准入值	先进值
第一类用能单位	2100	2000	1500
第二类用能单位	1900	1800	1300
第三类用能单位	1600	1500	1100

附表 9　高等学校供暖天然气限额　　单位：$m^3/(m^2·a)$

用能单位类型	限定值	准入值	先进值
供暖用天然气限额	11.2	10.1	8.0

附表 10　高等学校供暖市政热力限额　　单位：$GJ/(m^2·a)$

用能单位类型	限定值	准入值	先进值
供暖用市政热力限额	0.36	0.32	0.26

附表 11　高等学校非供暖天然气限额　　单位：$m^3/(人·a)$

用能单位类型	限定值	准入值	先进值
非供暖用天然气限额	80.9	72.0	56.6

2.7　《公共生活取水定额　第 2 部分：学校》

《公共生活取水定额　第 2 部分：学校》(DB11/554.2—2018) 于 2018 年 6 月 15 日发布，2018 年 10 月 1 日实施。

该标准规定了学校取水定额的术语和定义、计算方法、取水定额及管理要求。

该标准适用于高等学校、普通中等学校和小学的取水管理。

该标准对高等学校取水定额的规定见附表 12。

附表 12　学校单位标准人数取水定额值　　单位：$m^3/(人·a)$

学校类别		取水定额值
高等学校	普通高等学校	50.5
	其他高等教育学校	32.0